KBS 외신 전문 캐스터 박세정의

뉴욕타임스
읽어주는
여자

셀프헬프
self·help
시리즈㉓

"나다움을 찾아가는 힘"
사람들은 흔히, 지금의 내가 어제의 나와 같은 사람이라고 생각한다. 이것만큼 큰 착각이 또 있을까? 사람들은 매 순간 달라진다. 1분이 지나면 1분의 변화가, 1시간이 지나면 1시간의 변화가 쌓이는 게 사람이다. 보고 듣고 냄새 맡고 말하고 만지고 느끼면서 사람의 몸과 마음은 수시로 변한다. 그러니까 오늘의 나는 어제의 나와는 전혀 다른 사람이다. 셀프헬프self·help 시리즈를 통해 매 순간 새로워지는 나 자신을 발견하길 바란다.

뉴욕타임스 읽어주는 여자

국제뉴스, 한 권으로 벼락치기

초판 1쇄 발행 2023년 4월 28일

지음. 박세정
그림. 박운형
펴냄. 김태영

씽크스마트
서울특별시 마포구 토정로 222
한국출판콘텐츠센터 401호
전화. 02-323-5609

홈페이지. www.tsbook.co.kr
블로그. blog.naver.com/ts0651
페이스북. @official.thinksmart
인스타그램. @thinksmart.official
이메일. thinksmart@kakao.com

ISBN 978-89-6529-343-9 (03300)
© 2023 박세정

•씽크스마트 - 더 큰 생각으로 통하는 길
'더 큰 생각으로 통하는 길' 위에서 삶의 지혜를 모아 '인문교양, 자기계발, 자녀교육, 어린이 교양·학습, 정치사회, 취미생활' 등 다양한 분야의 도서를 출간합니다. 바람직한 교육관을 세우고 나다움의 힘을 기르며, 세상에서 소외된 부분을 바라봅니다. 첫 원고부터 책의 완성까지 늘 시대를 읽는 기획으로 책을 만들어, 넓고 깊은 생각으로 세상을 살아갈 수 있는 힘을 드리고자 합니다.

•도서출판 사이다 - 사람과 사람을 이어주는 다리
사이다는 '사람과 사람을 이어주는 다리'의 줄임말로, 서로가 서로의 삶을 채워주고, 세워주는 세상을 만드는 데 기여하고자 하는 씽크스마트의 임프린트입니다.

•천개의마을학교 - 대안적 삶과 교육을 지향하는 마을학교
당신은 지금 무엇을 배우고 싶나요? 살면서 나누고 배우고 익히는 취향과 경험을 팝니다. 〈천개의마을학교〉에서는 누구에게나 학습과 출판의 기회가 있습니다. 배운 것을 나누며 만들어진 결과물을 책으로 엮어 세상에 내놓습니다.

자신만의 생각이나 이야기를 펼치고 싶은 당신.
책으로 사람들에게 전하고 싶은 아이디어나 원고를 메일(thinksmart@kakao.com)로 보내주세요.
씽크스마트는 당신의 소중한 원고를 기다리고 있습니다.

KBS 외신 전문 캐스터 박세정의

뉴욕타임스
읽어주는
여자

국제뉴스,
한 권으로 벼락치기

박세정 지음

추천사

세계뉴스는 늘 심각하고 딱딱하다. 사안이 복잡한데다가 번역어도 낯설고 난해한 전문용어까지 더해지면, 나라 바깥소식은 기피 대상이 된다. 그렇게 우리 삶을 결정하는 중요한 소식들이 삶의 안테나에서 사라지는 것이다. 박세정 아나운서는 그 특유의 유쾌함으로 세상의 뉴스를 우리 삶 안으로 되돌려 준다. 발랄하되 가볍지 않다. 마치 읽어주듯이 뉴스를 적었다. 시작은 상쾌하지만, 그 끝에는 사슬처럼 얽히면서 뒤틀린 세계소식의 묵직함이 있다. 영어 설명까지 덧붙인 그녀의 친절한 설명 덕분에 책을 읽고 나면 눈이 트인다. 그리고 마음마저 움직이고 꿈틀거리는 것은 세상을 따뜻하게 바라보며 희망을 키워가는 그녀의 시선 때문이다. 한없이 고통받으면서도 끝없이 싸우는 여성들의 얘기가 유독 많은 것은 우연이 아니다.

이상헌(국제노동기구 고용정책국장)

사마천은 사기를 완성하고 친구 임안에게 보낸 보임소경서에서 사기를 쓴 이유를 '구천인지제 통고금지변 성일가지언(究天人之際,

通古今之變, 成一家之言)'이라고 했다. 자연 또는 세계와 인간 사이의 관계 문제를 연구하고, 과거와 현재에 일어나는 변화의 맥을 관통해 독자적인 학문 체계를 세웠다는 것이다.

뉴욕타임스 읽어주는 여자.

세상을 여는 아침, 국제 뉴스의 헤드라인을 통해 세상이 어떻게 돌아가고 있는지, 그 행간의 의미와 섬세하게 선택된 단어의 중의적인 의미, 밀당처럼 완곡하게 표현하려던 의도를 알아채 버린 저자는 열정적으로 그것을 우리에게 전달하고자 애를 쓴다. 물론 챗GPT를 통해 올해의 트렌드가 무엇인지, 화제의 국제사가 무엇인지 빅 데이터는 순식간에 랭킹과 함께 보여줄 수 있다. 디지털 세상이 된 후에는 인기가 많은 정보 위주로 보여주는 자극적인 뉴스들을 죽처럼 쉽게 떠먹기는 하지만 (push), 적극적으로 이해하는 소화 기능 (pull)을 상실해 가고 있다. 이런 독자들에게 굳이 뉴스를 꼭꼭 씹어 소화 기능을 회복하길 바라는 저자의 마음이 전해진다. 세상의 큰 그림을 보는 방법과 저자의 최대 관심사인 여성 인권 침해가 매일 벌어지는 국제 이벤트 속에서, 보이지 않는 곳에서 어떤 영향을 받고 있는지 알리고 싶어 하는 그 간절함이 보인다.

보임소경서를 다시 인용해, 국제 무대에서 성공적인 커리어를 이루길 꿈꾸는 우리 20~30대 후배들에게 이 책을 추천한다. 아침마다 10분씩 투자해, 세계에서 일어나는 주요 뉴스의 헤드라인을 통해 세계와 인간 사이의 관계 문제를 파악하길, 그리고 과거와 현재에 일어나는 변화의 맥을 발견해 본인만의 인사이트를 구축하길 바란다.

정상희(Swarovski 스위스 본사 Global Trade Marketing Lead))

K컬처에 전 세계가 열광하고 있다. 아카데미와 빌보드를 노리는 것이 이제 전혀 어색하지 않다. 미국 대통령이 평택 반도체 공장을 챙기고, 한국산 배터리가 없으면 전 세계에 전기차는 없다. 한국은 경제 규모와 교역량에서 세계 TOP 10을 유지하고 있다.

하지만 대한민국이 세계를 받아들이고 읽는 방식은 어떨까? 우리 국제 뉴스의 고질적인 문제점으로 지적되어온, 미국/유럽 외신 중심의 편향, 전문성의 부족, 해외 문화와 정보의 취약, 분쟁 현장 취재 제약 등에서 우리는 얼마나 나아졌을까?

매일 아침, KBS 2TV 〈해 볼만한 아침 M&W〉를 통해, 박세정 아나운서는 이 문제를 해결하기 위해 매일 분투하고 있다. 7~8분 남짓한 〈박세정의 외신브리핑〉엔 제3국의, 이해 당사자들의 목소리가 날 것 그대로 담겨있고, 그 뉘앙스를 있는 그대로 전달하기 위한 그녀의 분투가 묻어난다.

작년 우리는 격화되는 미·중 갈등 속에 러-우크라이나 전쟁을 목도하며 우리가 알고 있던 세계는 더 이상 없음을 실감하고 있다. 전문가들이 공히 인정하는 세계사의 전환, 차곡차곡 쌓여가는 〈박세정의 외신브리핑〉의 원고가 분명 우리가 세상을 정확히 읽는 데 도움이 될 듯하다.

유종훈(KBS PD / '해 볼만한 아침 M&W' 기획)

"신문이 참 싫었는데,
심지어 남의 나라 말로 된
신문을 끼고 살게 되었네요."

새벽 3시, 알람이 울리면 눈 뜨자마자 로이터 통신 홈페이지로 들어갑니다. 지난밤 침대에 눕기 직전까지 뉴스를 정리하고 분석했지만, 새벽 사이에 또 새로운 뉴스가 보도됐을지 모르니까요. 이어서 뉴욕타임스, 월스트리트저널, CNN, 워싱턴 포스트, BBC, CNBC 같은 메인 채널을 다 돌아본 후, 프랑스의 르 몽드나 일본의 아사히, 홍콩의 사우스차이나모닝포스트까지 확인하면, 그제야 급하게 씻고 화장을 합니다. 따뜻한 작두콩 차 한 잔을 보온병에 담아 집을 나서, 4시에 운전을 시작하면 50분 정도 후에 도착하는 KBS 신관. 밤새 영상 편집을 하다 잠깐 눈 붙이고 있는 FD에게 미안하지만, 어쩔 수 없이 어두운 사무실의 불을 켜고 컴퓨터 앞에 앉습니다. 어젯밤 미리 분석해 놓은 아이템은 살을 붙이거나 떼어 내면서 내용을 수정하고, 새벽에 나온 새로운 뉴스는 한 아이템 당 최소 3개의 외신 기사를 비교해서 읽으면서 원고를 작성합니다. 마감 시간인 6시 20분까지 나에게 주어진 시간은 1시간 30분. 그 안에 영문 기사를 번역하고, 여러 기사의 기조를 비교하면서 분석하고, 방송용 원고까지 작성하려면 초인적인 집중력을 발휘해야 합니다. 그래서 흰머리가 많아졌나 봅니다.

저는 매주 화요일과 목요일, KBS 2TV 아침 시사 프로그램 '해볼만한 아침 M&W'의 '이 시각 세계의 1면' 코너에서 국제 뉴스를 전하고 있습니다. 프로그램의 진행자들은 "대한민국에서 가장 빠르고 정확하게 국제 소식을 전해주시는 박세정 외신 전문 캐스터"라고 저를 소개합니다. '가장 빠르고 정확하게'라는 수식어를 들을 때마다 부담감과 사명감을 동시에 느낍니다. 그래서 제 일상의 많은 부분을 뉴스에 빼앗기며 살게 된 것 같습니다. 방송이 없는 날에도, 다른 일을 하던 중간에도 틈이 날 때마다 습관처럼 기사를 확인하고, 잘 모르는 내용이 나오면 관련 기사를 찾다 못해 논문까지 찾아 읽습니다. '고작 8분짜리 코너를 진행하면서 굳이 논문까지 읽어야 해?' 하실 수도 있을 겁니다. 그런데, 저는 큐 사인이 들어오면 "안녕하십니까. 국제 뉴스 분석해 드리는 박세정입니다."라는 멘트로 방송을 시작하거든요. 이게 바로 '굳이 논문까지 찾아 읽는' 이유입니다. 단순히 국제 사회에서 어떤 사건이 일어났는지 전하는 것을 넘어 그 사건의 배경과 원인, 전망까지 분석하는 것이 제 역할이니까요.

처음엔 발 빠르게 해외 소식을 전하는 역할만 주어졌던 것이 사실입니다. 하지만 17년 차 아나운서이자, 대학원에서 국제학을 전공하고 외신 뉴스를 오래 전해 온 앵커로서 그렇게는 하고 싶지 않았어요. 개인적인 욕심도 있었고, 언론인으로서의 사명감도 있었습니다. 처음엔 "아나운서가 왜 분석을 해? 팩트만 전하고 의견 덧붙이지 마세요."라는 피드백을 받기도 했습니다. 그런데 저는 자신이 있었습니다. 5년 전 SBS CNBC(현 SBS Biz) 채널에서 일할 때, 시청자분들께 더 도움이 되는 뉴스가 어떤 건지제 눈으로 확인했던 경험이 있거든요. 뉴욕 증시만 정리해서 전하라는 부장님께 찾아가 국제 정치와 사회 이슈를 다루고 싶다고 말씀드렸습니다. 처음엔 그냥 쉽게 가자고 하셨지만, 저는 두 번더 따로 찾아가 부장님을 설득했어요. 그 끈질김에 포기하신 건지, 이렇게까지 주장하는 데는 이유가 있을 거라 믿어 주신 건지는 모르지만 결국 국내 최초로 새벽 6시에, 국제 정치와 사회 이슈까지 전하는 뉴스 코너가 생겼습니다. 그때 시청률과 알맹이를 같이 잡았던 기억은 이번에도 저에게 용기를 주었습니다. 그렇게 조금은 고집스럽게 방송을 이어가다 보니, 감사하게도 시간이 흐르면서 시청자분들이 긍정적인 피드백을 주셨고 방송국에서도 저를 믿어 주셨습니다.

'국제연합일(UN Day)' 뉴스를 전하던 날, 우크라이나 전쟁을 비롯한 다양한 내전이 일어나고 있는 이 사회의 비극적인 현실에대해 냉정하게 들여다봐야 한다고 생각했습니다. 시청자분들께유엔의 의미와 역할에 대해, 안토니우 구테흐스 유엔 사무총장이왜 "유엔은 이러한 순간을 위해 탄생했다."라고 말했는지에 대해제대로 설명해야 한다고 생각했습니다. 그래서 1945년에 논의된 초기 유엔 헌장의 원문을 찾았습니다. 생방송에서 유엔 헌장의 원문을 펼쳐놓고 밑줄도 긋고 단어의 뜻을 하나하나 설명했던 그날, 방송은 담담하게 했지만 가슴이 뜨거워졌습니다. 그 순간, 스튜디오에 계신 카메라 감독님 네 분이 저를 보시며 고개를 끄덕이셨습니다. 시청자분들은 실시간으로 "평화의 진정한 의미를 알게 됐다."라는 댓글을 남겨주셨습니다. 저는 엄청난 희열을 느꼈습니다. 이 책도 그 희열의 연장선에서 쓰기 시작했습니다.

기자인 아빠가 시키는 대로 중학생 때부터 억지로 신문 스크랩을 했고, 아빠가 추천해준 책을 읽기 싫어서 책장 뒤에 숨겨둔 적도 있었습니다. 아빠는 제 꼼수를 다 알고, 아무 말 없이 책상 위에 책과 신문을 다시 올려두시더군요. 덕분에 고등학생, 대학생 때 논술대회와 토론대회에선 늘 제일 높은 상을 받았습니다. 기자 생활을 20년 정도 하다가 전업 글쟁이(칼럼니스트)가 된 아빠는 매주 두 건의 칼럼을 써야 했는데, 늘 마감의 압박에 시달렸던 것 같습니다. 새벽 3시, 4시에 갑자기 서재로 달려갔다가 몇 분 후에 다시 안방으로 들어가 주무시는 모습을 많이 봤거든요. 무슨 일인가 싶어 아빠 서재에 가보면, 책상 위에 만년필로 휘갈겨 쓴 문장들이 있었어요. 분명히 글을 완성하고 누웠을 텐데, 한 부분이 마음에 안 들어서 잠 못 들고 고민하다가 좋은 문장이 떠올라서 잊기 전에 써놨을 겁니다. 저는 아빠랑 너무 닮아서, 어떤 마음이었을지 짐작이 가거든요. 그런 아빠를 보면서 '나는 절대로 글 쓰는 직업은 택하지 말아야지.' 했는데, 아나운서 중에서도 원고를 직접 쓰는 아나운서가 되어서 매주 이틀씩 마감의 압박에 시달리고 있습니다. 아빠랑 똑같이, 자다가도 좋은 문장이 떠오르면 바로 일어나서 백설 공주 노트에 적어두고요. 그 읽기 싫던 신문을 끼고 살고, 심지어 남의 나라 말로 쓰인 외신을 끼고 살게 되었네요. 천국에서 아빠가 이런 막내딸을 보며 얼마나 웃을지 생각하면 저도 웃음이 납니다. 참 고맙게도, 아빠의 칼럼을 읽으면서 냉혹한 이 사회의 현실을 일찍 마주한 덕에, 사명감을 유지하며 이 일을 계속할 수 있었던 게 아닐까 싶습니다.

우리는 대체 어디서부터 해결해야 할지 답이 안 나오는 세상에 살고 있고, 더럽고 치사한 순간을 참 많이도 경험합니다. 이 책에는 이 사회의 구성원으로서 제가 느낀 분노와 슬픔, 답답함이 담겨 있습니다. 국제학을 전공하고 이 분야의 뉴스를 꽤 오래 보도해온 앵커로서, 방송에서 전했던 뉴스보다 한 단계 더 깊게 분석한 내용을 담았습니다. 2022년, 국제 사회에서 일어난 일들을 자세히 들여다보면서 우리가 함께 고민해야 할 문제를 짚었습니다. 또한, 영어 단어의 뉘앙스에 대한 분석도 깊이 있게 해봤습니다. 같은 단어도 뉘앙스에 따라 전혀 다른 뜻이 되기도 하고, 언론사가 헤드라인에 특정 어휘를 사용했을 땐 확실한 기조를 의미하는 경우가 많기 때문이죠. 이 뉘앙스 차이를 이해하면, 외신 기사의 핵심을 파악하는데 도움이 될 것입니다. 마지막으로, 이 사회에 제기하고 싶은 물음표 '발칙한 한마디'도 던져봤습니다. 어찌 보면 희망이 없어 보이는 이 세상을 마치 짝사랑하듯, 깊이 사랑하는 마음으로 쓴 책입니다. 여러분도 이 책을 통해 함께 울고, 분노하고, 결국엔 희망을 찾는 과정을 만끽해 주셨으면 좋겠습니다.

-여러분을 대신해 외신을 읽어드릴 **박세정** 아나운서 올림-

CONTENTS

뉴욕타임스 읽어주는 여자   @2023

CONTENTS

CONTENTS

국제기구,
과연 제 역할을
잘하고 있을까?

우크라이나 전쟁,
멈추지 않는 비극

외신 기사로 읽는 국제 뉴스 ···

"러시아, 결국 우크라이나 침공"

UN news   2022. 9. 22.

New UN General Assembly President highlights 'solidarity, sustainability and science'.

처버 커러쉬(Csaba Kőrösi) 신임 유엔(UN) 총회 의장이 연대와 지속 가능성, 과학을 강조했다.

커러쉬 의장은 "전쟁이라는 방법이 국제 생활의 도구가 될 수 있다."라고 경고했고, 각국의 지도자들도 한목소리를 냈습니다.

Aljazeera

2022. 9. 22.

At UN General Assembly, leaders condemn Russia's war in Ukraine.

Germany and France denounce Putin's imperialism in Ukraine, as Qatar, Senegal and Turkey call for peace talks.

유엔 총회에서 각국의 지도자들이 러시아의 우크라이나 침공을 비난했다.

독일과 프랑스가 푸틴의 제국주의를 비난했고, 카타르와 세네갈, 튀르키예도 평화 회담을 요구했다.

배경 설명

2022년 2월 24일, 러시아가 우크라이나를 침공하면서 전쟁의 우려는 현실이 됐습니다. 제2차 세계 대전 이후, 세계 평화를 위협한 여러 가지 사건이 있었지만, 우크라이나 전쟁은 제3차 세계 대전에 대한 우려를 키울 만큼 국제 사회에 큰 영향을 끼치고 있죠. 국제 사회의 질서를 이끌어가는 국제연합 유엔이 그 역할을 제대로 해내고 있는지 질문을 던져볼 필요가 있습니다.

제77차 유엔 총회가 9월 20일부터 열렸는데요. 이번에는 특히, 국제 사회의 적극적인 역할이 강조되는 여러 가지 의제들이 논의됐습니다.

"condemn"

알자지라 신문은 유엔 총회에 참가한 세계 각국이 전쟁을 일으킨 러시아를 비난했다는 내용을 헤드라인으로 실었는데, condemn이라는 어휘를 사용했습니다. 보통 뉴스에서는 '비판하다. 비난하다.'라는 의미로 criticize나 blame을 씁니다. 그런데 알자지라는 condemn이라는 어휘를 사용했습니다. 그 이유는 무엇일까요? condemn은 단순한 비난을 넘어서서, '규탄하다. 공개적으로 죄를 지었다고 엄격하게 따지다.'라는 의미를 지니고 있습니다. 그러니까 국제 사회가 러시아를 공개적으로 비난했다는 걸 강조한 표현이라고 볼 수 있습니다.

condemn: 규탄하다. 공개적으로 비난하다. 죄를 지었다고 엄격하게 따지다.

바이든, "러시아, 우크라이나에서 뻔뻔하게 UN 헌장을 위반한 것"

AP

2022. 9. 22.

Biden: Russia 'shamelessly violated' UN Charter in Ukraine.

President Joe Biden declared at the United Nations on Wednesday that Russia has "shamelessly violated the core tenets" of the international body with its war in Ukraine as he summoned nations around the globe to stand firm in backing the Ukrainian resistance.

Delivering a forceful condemnation of Russia's seven-month invasion, Biden said reports of Russian abuses against civilians and its efforts to erase Ukraine and its culture "should make your blood run cold."

바이든이 "러시아는 우크라이나에서 유엔 헌장을 뻔뻔하게 위반했다."라고 말했다.

조 바이든 미국 대통령은 우크라이나를 지지하기 위해 세계 각국을 소집한 수요일 유엔에서, "러시아가 우크라이나를 침공한 것은 뻔뻔하게 국제 사회의 핵심 교리를 위반한 것"이라고 선언했다.

바이든은 7개월 동안 지속된 러시아의 침공에 대해 강력하게 비난하며, 우크라이나 민간인을 학대하고 그들의 문화를 지우려고 노력하는 러시아에 대해 "간담을 써늘하게 만들어야 한다."라고 경고했다.

이번 유엔 총회에서는 그 어느 때보다 심각한 이슈들이 거론됐지만, 한편으로는 각국의 입장이 한 방향으로 모였기 때문에 다행이라는 분석도 나왔습니다.

"유엔 헌장에는 어떠한 내용이 담겨 있을까?"

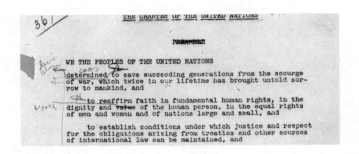

유엔 헌장 원문: 유엔 가입국은 우리 생애에 두 번이나 인류에게 말할 수 없는 슬픔을 안겨준 전쟁의 재앙으로부터 다음 세대를 구하고, 기본적인 인권, 인간의 존엄과 가치, 남과 여, 크고 작은 나라들의 평등한 권리에 대한 믿음을 확고하게 하기로 결심했다.

국제연합(United Nations)은 "Peace, dignity and equality on a healthy planet"이라는 슬로건으로 1945년에 설립됐고, 6월 26일에 헌장을 발표했습니다.

"Veto(거부권)를 Veto(거부)합니다."

유엔 헌장 원문에서 확인할 수 있듯이, 국제연합 유엔은 전쟁으로부터 다음 세대를 구하자는 목표를 갖고 시작한 국제기구입니다. 그렇다면, 냉정하게 한번 생각해 봅시다. 유엔은 왜 처음부터 전쟁을 막지 못했을까요? 러시아의 예상 못 한 도발이었기 때문이라 하더라도, 왜 1년 넘게 전쟁을 끝내지도 못하는 걸까요? 러시아는 유엔 헌장의 내용을 어겼고, 블라디미르 푸틴 러시아 대통령은 국제법에 명시돼 있는 전쟁 범죄를 저지르고도 처벌받지 않고 있습니다. 193개 회원국이 힘을 합해서 러시아의 행위를 막으면 되는 것 아닌가요? 한마디로 답하자면, 그건 불가능합니다. 적어도 현재로선 말이죠. 유엔이 지닌 태생적, 구조적 문제 때문입니다.

유엔에는 안전보장이사회(Security Council)라는 기구가 있습니다. 국제 평화와 안전 유지에 대한 일차적 책임을 묻는 기관이죠. 유엔 안전보장이사회는 5개의 상임 이사국과 10개의 비상임 이사국으로 구성돼 있습니다. 상임 이사국은 미국, 영국, 프랑스, 러시아, 중국인데 영원히 바뀌지 않고, 비상임 이사국은 2년에 한 번씩 바뀝니다. 그러니까 5개의 상임 이사국이 국제연합을 이끄는 리더 무리라고 할 수가 있습니다. 이 리더 무리에게는 거부권(Veto power)이라는 게 주어집니다. 그것이 뭔지, 유엔 헌장에 있는 내용을 직접 보면서 설명해 드릴게요.

UN charter V -The Security Council (article 23-32)

United Nations Charter

Article 27

1. Each member of the Security Council shall have one vote.

2. Decisions of the Security Council on procedural matters shall be made by an affirmative vote of nine members.

3. Decisions of the Security Council on all other matters shall be made by an affirmative vote of nine members including the concurring votes of the permanent members; provided that, in decisions under Chapter VI, and under paragraph 3 of Article 52, a party to a dispute shall abstain from voting.

Article 27: Concurring votes

여기에서 핵심 키워드가 Concurring vote(동시적 동의), 그러니까 '만장일치'라는 부분인데요. 안건을 표결할 때 각 이사국이 1개의 투표권을 갖는데, 5개의 상임 이사국이 만장일치를 해야 하는 '전원일치제 원칙'이 존재하기 때문에, 한 국가라도 반대하면 안건을 더 이상 논의하지 않는 것입니다. 이것을 거부권(Veto power)이라고 합니다. 원문을 살펴보면,

Veto Power: The United Nations Security Council 'veto power' is the power of the five permanent members of the UN SC(China, France, Russia, the United Kingdom, the United States) to veto any 'substantive' resolution.

이렇게 나와 있어요.

상임 이사국 중 한 국가라도 거부권을 행사하면 안건 표결이 안 되는 것입니다. 이 내용을 수정하려면 유엔 헌장 자체를 수정해야 하는데, 헌장을 수정하자는 안건에도 거부권 행사를 할 수 있기 때문에, 문제를 발견해도 해결하기가 거의 불가능한 구조라고 할 수 있습니다.

우크라이나 전쟁이 발발한 직후, 유엔에서 러시아를 상대로 우크라이나를 향한 침공을 멈추라는 안건을 냈습니다. 하지만 예상대로 러시아가 거부권을 행사했습니다. 거부권이라는 제도 때문에, 어차피 답은 정해진 것이나 마찬가지인 것이죠.

러시아는 전쟁을 일으키면서, 국제 평화를 위협했습니다. 하지만 상임 이사국이기 때문에 그 누구도 러시아의 도발에 직접적인 조치를 취할 수 없는 것이 현실입니다. 유엔의 존재 자체를 위협하는 국가가 상임 이사국인데, 거부권이라는 제도가 과연 의미가 있는 걸까요? 국제 사회는 2022년, 제3차 세계 대전의 위협이라는 새로운 과제에 직면했고, 다시는 이러한 일이 일어나지 않도록 함께 움직여야 합니다. 그 움직임의 출발은 유엔의 구조적 문제를 해결하는 것, 즉 Veto(거부권)를 Veto(거부)하는 것이 아닐까요? 여러분은 유엔의 Veto(거부권)에 대해 어떻게 생각하십니까?

02

우리도 NATO에
가입하고 싶어요

"핀란드와 스웨덴, 나토(NATO) 가입 신청"

The New York Times   2022. 6. 20.

Finland and Sweden Push for NATO Membership

Leaders of the two countries on Monday will address Turkey's objections over their bids to join the bloc.

핀란드와 스웨덴, 나토 가입을 계속해서 추진하다.

양국 지도자들은 월요일에 그들의 나토 가입 시도에 대한 튀르키예의 반대 문제를 다룰 것이다.

CNN

2022. 6. 29.

NATO formally invites Finland and Sweden to join alliance

나토는 핀란드와 스웨덴의 동맹 가입을 위해 양국을 공식적으로 초대했다.

AP

2022. 6. 29

NATO chief: Alliance faces biggest challenge since WW Ⅱ

NATO leaders sought Wednesday to turn an urgent sense of purpose triggered by Russia's invasion of Ukraine into action — and to patch up any cracks in their unity to overcome what the alliance's chief called its biggest crisis since World War Ⅱ.

나토 사무총장이 "나토는 제2차 세계 대전 이후 가장 큰 도전에 직면해 있다."라고 말했다.

나토 지도자들은 수요일 회의에서, 러시아의 우크라이나 침공으로 촉발된 긴급한 목적의식을 행동으로 옮기기 위해 최선을 다했다. 또한, 사무총장이 말한 것처럼 제2차 세계 대전 이후 가장 큰 위기, 즉 단결에 균열이 생긴 것을 수습하기 위해 노력했다.

Aljazeera

2022. 6. 29.

He added leaders of the bloc will "state clearly that Russia poses a direct threat to our security".
Stoltenberg said China was not NATO's adversary, but posed "challenges to our values, to our interest and to our security".

나토 사무총장은 "나토 동맹국들은 러시아가 우리의 안보에 직접적인 위협을 가하고 있다고 분명히 말할 것이다."라고 덧붙였다. 또한, 그는 "중국이 나토의 적은 아니지만 우리의 가치와 이익, 안보에 대한 도전을 제기했다."라고 말했다.

배경 설명

2022년 6월 18일, 핀란드와 스웨덴이 공식적으로 북대서양조약기구 나토에 가입하겠다는 신청서를 제출했습니다. 두 국가는 러시아와 나토 사이에서 늘 중립적인 입장을 취해왔기 때문에, 이 움직임은 세계의 주목을 받았죠. 러시아도 이에 매우 민감하게 반응했습니다. 하지만 나토 가입 절차가 그리 쉽지는 않았습니다. 나토에 가입하기 위해서는 30개 회원국 모두가 만장일치로 동의해야 하는데, 튀르키예가 부정적인 입장을 꽤 오랫동안 고수했기 때문이죠. 핀란드와 스웨덴의 입장에서는 튀르키예의 마음을 돌리는 것이 가장 중요한 문제입니다. 특히 6월 말, 나토 정상회의가 열리기 전까지 어느 정도 합의가 이뤄져야 했기 때문에 더욱 조급한 마음이 있었을 겁니다.

하지만 튀르키예를 제외한 나토 회원국들의 분위기는 말랑했습니다. 6월 말에 열린 정상회의에서, 나토는 핀란드와 스웨덴을 공식 초청했거든요. 외신들은 나토가 두 국가의 가입을 승인하겠다는 신호를 보낸 것이라고 분석했습니다. 당시 푸틴 대통령은 "가입하든 말든 상관없다. 우리도 대응할 거다."라는 메시지를 공개적으로 남기기도 했습니다. 만약 스웨덴과 핀란드가 나토 가입국이 되면, 말 그대로 나토의 범위가 확장되는 건데, 러시아의 입장에서는 최악의 시나리오가 되는 것이니까요.

앞서 설명해 드린 것처럼, 러시아는 나토의 확장이 자국을 위협하고 있다는 이유를 내세우며 우크라이나를 침공했습니다. 그런데 핀란드와 스웨덴이 나토 회원국이 되면 당연히 나토의 덩치는 더 커지게 되고, 러시아는 그 어느 때보다도 단결된 동맹에 직면하게 됩니다. 특히, 스웨덴은 200년 동안 그 어떤 전쟁에도 가담하지 않은 국가이고, 핀란드도 오랫동안 군사적인 비동맹을 추구해온 국가이기 때문에 이들의 나토 가입은 큰 의미를 지닌 것이죠.

나토 정상회의에서는 어떠한 얘기가 오고 갔을까요? 옌스 스톨텐베르그 나토 사무총장은 "나토는 현재 제2차 세계 대전 이후 가장 큰 도전에 직면해 있다. 역대 가장 심각한 안보 위기 속에서, 이번 정상회의를 통해 변혁을 불러일으킬 것이다."라고 말했습니다. 또한, 중국이 공개적으로 러시아의 우크라이나 침공을 비판하지 않고 러시아와 소통하는 사실에 대해 언급하면서, 중국이 나토의 안보에 도전장을 던졌다고 말하기도 했습니다. 사무총장이 이렇게 강경한 입장을 취하자, 회원국들도 공개적으로 러시아를 비판했습니다. 특히 당시 4만 명이던 나토 신속 대응군을 30만 명 수준으로 늘리기로 합의하면서 러시아를 향해 직접적인 메시지를 던지기도 했습니다.

"핀란드와 스웨덴, 나토 가입 의정서에 공식 서명"

CNBC

2022. 7. 5.

Finland and Sweden move a step closer to NATO membership with accession sign-off

핀란드와 스웨덴은 가입 의정서에 서명하며, 나토 회원국에 한 걸음 더 가까이 다가갔다.

배경 설명

2022년 7월, 드디어 핀란드와 스웨덴은 나토 가입 의정서에 서명했습니다. 공식적인 가입 절차가 시작됐다고 볼 수 있겠죠. 통상적으로 의정서 서명 이후에도 6개월에서 1년은 지나야 공식 회원국이 되지만, 두 국가는 속도를 붙였습니다. 외신들도 핀란드와 스웨덴이 나토 가입국으로 승인될 날이 조금씩 다가오고 있다고 보도했습니다. 이후 현재까지 두 국가가 공식적인 가입 승인을 받지는 못했지만, 튀르키예의 태도가 조금씩 달라지면서 스웨덴과 핀란드의 나토 가입은 기정사실이 되고 있습니다. 스웨덴에서 반튀르키예 시위가 일어나면서 스웨덴 때문에 두 국가의 나토 가입이 늦어진다는 비판을 받기도 했지만, 스웨덴 총리가 핀란드 총리를 직접 만나 미안한 마음을 드러내기도 했습니다. 마지막 열쇠를 쥐고 있는 튀르키예의 마음은 과연 언제 바뀔까요?

> 2023년 3월 30일, 튀르키예가 핀란드의 나토 가입 비준을 승인하면서 4월 4일, 핀란드는 나토의 공식 회원국이 되었습니다.

국제 시사 상식

"나토의 집단 안보란?"

핀란드와 스웨덴이 나토 가입을 신청한 것이 2022년 6월이고 가입 의정서에 서명한 것이 7월입니다. 그런데 지금까지 두 국가는 공식적인 나토 회원국이 되지 못했습니다. 그 이유는 무엇일까요? 앞서 말씀드린 것처럼, 새로운 국가가 나토의 회원국이 되려면 30개국 모두가 만장일치로 찬성표를 던져야 하기 때문인데요. 그렇다면, 도대체 왜 반드시 만장일치여야 하는 걸까요? 그것은 바로, 나토의 핵심 개념인 '집단 안보'의 성격 때문입니다.

이 개념에 대해 알기 위해서는 먼저 나토가 어떤 성격을 지닌 국제 연맹인지 알아야겠죠?

NATO: North Atlantic Treaty Organization(북대서양조약기구)

한마디로 정리하면, 냉전 초기였던 1949년에 소련의 팽창을 막기 위해서 미국이 만든 군사 동맹이 바로 나토입니다. 당시 소련에 맞서 서방의 안보를 지키겠다는 의지로 만든 동맹이죠.

나토의 탄생 배경과 주목적에 대해서 나토가 공식적으로 제시한 내용을 살펴보면,

"The North Atlantic Treaty Organization is a political and military alliance which was founded in 1949, after the Second World War.

북대서양조약기구는 정치적, 군사적 연맹이고, 제2차 세계 대전 후인 1949년에 설립됐다.

Security in our daily lives is key to our well-being. NATO's purpose is to guarantee the freedom and security of its members through political and military means.

우리의 일상에서 지켜지는 안보가 행복의 핵심이다. 나토의 목적은 정치적, 군사적으로 우리 가입국들의 자유와 안보를 보장하는 것이다."

이렇게 나와 있는데요. 여기서 Collective Security(Collective Defence), 집단 안보라는 개념이 매우 중요합니다.

나토 헌장 제5조

"집단 안보란 한 동맹국을 향한 군사적 공격을 모든 회원국을 향한 공격으로 간주하는 것이다."

나토 헌장에 나와 있는 것처럼, 나토의 비회원국이 나토 회원국 중 한 국가를 공격했을 때, 모든 회원국을 공격한 것으로 여기는 것이 바로 집단 안보의 기본 개념입니다. 그러니까 나토의 회원국이 되면 한 그룹으로 군사적, 정치적 공격에 함께 대응하게 된다는 거죠. 쉽게 말해 한 팀이 되는 겁니다.

나토는 탄생할 때부터 소련

Collective defence - Article 5

- Collective defence means that an attack against one Ally is considered as an attack against all Allies.

(지금은 소련이 해체됐으니 러시아)의 반대 입장으로 설립된 동맹입니다. 그래서 나토의 회원국이냐 아니냐에 따라서 친러냐 반러냐가 갈리게 됩니다.

러시아가 우크라이나를 침공한 이유도 이 부분에서 찾아볼 수 있습니다. 우크라이나는 나토 가입을 간절하게 원하는 국가입니다. 친러가 아닌 친미 국가가 되고 싶은 것이죠. 나토에서도 2008년에 우크라이나를 회원으로 받아주겠다고 약속했습니다. 물론 가입 시기는 미정인 상황이지만 말이죠. 그런데 블라디미르 푸틴 러시아 대통령은 기본적으로 우크라이나가 러시아의 손안에 있다고 생각하기 때문에 나토를 향해 가입 약속을 철회하라고까지 요구했습니다.

러시아가 이런 생각을 하게 된 역사적 배경이 있습니다. 우크라이나는 1991년에 소련이 해체되면서 독립한 국가죠. 게다가 러시아와 우크라이나 모두 키예프(키이우) 공국에서 파생된 국가이기 때문에, 러시아는 기본적으로 우크라이나를 독립된 하나의 국가로 인정하지 않으려 합니다. 게다가 푸틴 대통령은 러시아가 옛 소련 시절의 영광을 되찾기를 소망하고 있죠. 러시아를 중심으로 우크라이나, 벨라루스와 함께 예전의 소련처럼 권력을 지닌 동맹을 만들고 싶어 하는 것입니다. 그런데 우크라이나가 러시아와의 동맹이 아니라, 러시아에 반대하는 나토에 들어가겠다고 하니까 분노하는 것입니다.

그럼, 러시아는 나토에 대항하는 동맹을 만들어서 우크라이나를 데리고 오면 되지 않을까요? 사실 비슷한 동맹이 만들어진 적이 있습니다. 바로 1955년, 소련이 나토에 대항해 설립했던 바르

샤바 조약기구(WTO: Warsaw Treaty Organization)가 바로 그
것입니다. 냉전 시대였던 당시, 자유 진영인 나토와 공산 진영인
WTO가 대놓고 대립했습니다. 그런데 1989년, 베를린 장벽이 붕
괴되면서 공산주의가 몰락했고, 1991년에 소련이 해체하면서 공
식적으로 냉전이 종식됐죠. 이때 WTO도 자연스럽게 해체됐습
니다. 이러한 흐름 속에서, WTO 회원국이었던 동유럽 국가들이
조금씩 나토에 가입하기 시작했습니다. 1999년에 헝가리와 체코
가 나토 회원국이 됐고, 2004년에는 에스토니아와 리투아니아,
라트비아, 루마니아, 불가리아까지 나토에 가입합니다. 당시 러
시아는 동유럽 국가들에게 배신감도 느꼈을 것이고, 자꾸 동쪽으
로 확장하는 것 같은 나토를 상대로 위협도 느꼈을 것입니다. 하
지만, 냉전 시대가 종식된 이후. 국제 사회는 이미 공산주의의 몰
락을 확인했고, 실패한 이념이라는 것을 인정할 수밖에 없었기
때문에 동유럽 국가들이 나토 회원이 되고 싶어 하는 것은 어쩌
면 당연한 일이었죠. 또한, 러시아로부터 지배당한 경험이 있는
국가들이 워낙 많기 때문에, 안보를 보장받고 싶은 것도 그들의
당연한 입장이었을 것입니다.

이러한 과정에서 탄생한 나토는 처음에 12개 국가로 시작했
고, 현재 30개 국가가 함께 하고 있습니다. 31번째 가입을 원하
는 국가가 바로 우크라이나였지만, 핀란드와 스웨덴이 먼저 회원
국이 될 것으로 보이는 상황이죠.

이렇게 복잡한 속사정을 지닌 나토 회원국들 사이의 가장 핵심
적인 약속은 바로, 한 팀이 되어 전쟁할 각오가 돼 있는 '집단 안
보'입니다. 이렇게 중요한 약속을 새로운 국가와 하게 되기까지

회원국들의 고민이 깊어지는 것은 어찌 보면 당연한 과정일 것입니다. 30개국 의회의 비준이 필요한 것도 당연하고요. 그래서 새 회원국이 가입을 승인받기까지 적어도 6개월 이상이 걸리는 것입니다.

————— 왜 이 영단어를 썼을까? —┐

"collective"

나토 헌장에서 '집단 안보'를 설명할 때 collective security, 또는 collective defence라는 표현을 썼죠? 국제법상으로도 자주 쓰는 용어인데요. collective는 '집단의, 단체의, 공동의'라는 의미를 지니고 있습니다. 영영 사전을 찾아보면 형용사로 done by people acting as a group이라고 나와 있습니다. 하나의 그룹으로 모인 사람들이 단체 행동을 할 때 이 표현을 쓰는 것이죠. 그래서 집단 지성을 말할 땐 collective intelligence라고 하고, 개인주의의 반의어인 집단주의를 말할 땐 collectivism이라고 표현합니다.

03

러시아의
멈추지 않는 폭주

외신 기사로 읽는 국제 뉴스 ·······························

"식량 위기,
에너지 위기에 빠진 유럽"

CNBC

2022. 6. 11.

The world will face 'a severe food crisis and famine,' Zelenskyy says

젤렌스키 우크라이나 대통령은 세계가 심각한 식량 위기와 기근에 직면할 것이라고 말했다.

Russia may cut off gas completely, Europe must act now -IEA

국제에너지기구의 경고 - "러시아가 가스 공급을 중단할 수도 있다. 유럽은 당장 조치를 취해야 한다."

Putin says to stop supplying energy if Western price caps imposed

푸틴은 러시아산 원유 가격 상한제에 참여하는 서방 국가에 에너지 공급을 멈춘다고 말했다.

배경 설명

2022년 2월 24일, 러시아가 우크라이나를 침공한 지 벌써 1년이 훌쩍 넘었습니다. 그동안 러시아는 국제 사회의 만류에도 불구하고 독단적인 행동을 이어갔는데요. 시간이 갈수록 외신들은 이 전쟁이 서로에게 아무런 이득도 없이 고통만을 주는 소모전으로 치닫고 있다고 평가했습니다. 굶주림과 추위의 고통을 겪고 있는 러시아의 병사들과 죄 없이 죽음을 맞이하는 우크라이나의 국민이 모두 이 전쟁의 피해자라는 것이죠.

특히, 이번 전쟁으로 인해 발생한 큰 문제 중 하나는 유럽의 식량 위기입니다. 러시아와 우크라이나는 세계 최대 곡물 생산국이자 수출국이죠. 하지만 러시아가 흑해를 봉쇄하면서 수출길이

막히기 시작했습니다. 이에 세계무역기구 WTO는 2022년 6월, 식품 가격 상승을 막기 위해 수출 제한 조치를 하기로 했고, 국제 사회에서도 적극적인 움직임을 보였지만 우려는 현실이 되었습니다.

에너지 위기도 큰 문제로 떠올랐죠. 파티 비롤 국제에너지기구 사무총장은 "러시아가 정치적 입지를 넓힐 목적으로 유럽에 천연가스 공급을 아예 중단할 가능성이 있다. 겨울철을 앞두고 가스 공급을 계속 줄여갈 것"이라는 전망을 내놨고, 유럽연합(EU)은 러시아에 대한 제재를 꾸준히 단행했습니다. 하지만 특히나 예민한 가스 문제에 대해서는 회원국들 사이의 입장이 달라서 갈팡질팡했고, 러시아가 이를 이용해 유럽 국가들을 위협하는 상황까지 벌어졌습니다.

그러다 결국 9월, '제7차 동방경제포럼'에서 블라디미르 푸틴 러시아 대통령이 "러시아산 원유 가격 상한제에 참여하는 국가에는 석유와 가스를 포함한 에너지를 수출하지 않겠다."라고 선언했는데요. 이때 푸틴은 러시아를 제재하는 서방국에 대해 "굉장히 멍청한 결정을 한 것"이라며 공개적으로 비난하기도 했습니다.

이러한 에너지 위기 상황을 가장 쉽게 체감할 수 있었던 사례가 바로 에펠탑 조기 소등이 아니었나 싶습니다. 보통 새벽 1시에 불이 꺼지던 에펠탑은 에너지 가격이 크게 치솟는 바람에 11시 45분부터 불이 꺼지게 되었죠.

이렇게 러시아의 가스 공급 중단으로 인한 유럽의 에너지 가격 급등이 심해지자 유럽연합 정상들은 뜻을 모았습니다. 10월,

체코 프라하에서 열린 유럽연합 정상회의에서 가격 상한제를 통해 가스 가격을 낮추는 내용을 공동성명에 포함하기로 한 것입니다. 하지만 이후에도 러시아의 독단적인 횡포는 이어졌습니다.

"중국은 러시아 편일까? 아닐까?"

The Wall Street Journal

2022. 6. 15.

China's Xi Fails to Endorse Putin Over Ukraine in Call With Russian Leader

시진핑 주석, 푸틴 대통령과의 통화에서 러시아의 우크라이나 침공을 지지하지 않았다.

Reuters

2022. 6. 15.

Kremlin says Putin, Xi agreed to boost ties in energy, finance

푸틴과 시진핑, 에너지와 금융 분야에서 협력 확대하기로.

중국의 시진핑 주석과 러시아의 푸틴 대통령은 평소에 자주 소통을 해왔습니다. 러시아가 우크라이나를 침공한 이후에는 자주는 아니지만 종종 대화를 나눴죠. 하지만 2022년 6월, 두 정상이 전화 통화를 한 후 외신들의 보도는 엇갈렸습니다.

월스트리트저널은 헤드라인에 "시진핑이 푸틴을 지지하지 않는다."라는 제목을 내걸고, 시 주석이 한 말을 전했는데요. 월스트리트저널의 보도에 따르면, 시 주석이 우크라이나 전쟁에 대해 푸틴을 지지하지 않았고 "중국은 역사적 맥락과 옳고 그름에 따라 독자적으로 판단할 것"이라고 말했다고 합니다.

하지만, 로이터 통신의 기조는 달랐습니다. 중국이 서방의 제재를 직면한 러시아를 도우려는 듯이 에너지와 금융, 산업 분야에서 협력을 확대하기로 했다는 것이죠. 로이터 통신은 시 주석이 러시아의 우크라이나 침공을 공개적으로 지지하진 않았지만, 양국 사이의 유대감을 유지하려는 의지에는 변함이 없다고 분석했습니다.

결론적으로, 월스트리트저널은 시 주석이 푸틴 대통령을 공개적으로 지지하지 않은 부분에 집중한 반면, 로이터 통신은 분위기상 공개적인 지지는 하지 못했을지라도 협력을 유지한다는 점에서 중국은 분명한 입장을 표명하고 있다고 분석한 것입니다. 여러분은 어떻게 생각하시나요? 중국은 여전히 러시아 편에 서 있을까요?

"endorse"

월스트리트저널의 헤드라인에 "Xi fails to endorse Putin" 이라는 표현이 나옵니다. 시진핑 주석이 푸틴의 우크라이나 침공에 대해 공개적으로 지지하지 않았다는 내용을 축약한 제목인데요. '지지하다' 하면 가장 먼저 어떤 단어가 떠오르시나요? 혹시 support 아닌가요? support도 기사에서 꽤 많이 쓰는 어휘입니다. 그런데 왜 이 기사에서는 굳이 endorse를 썼을까요? endorse의 뜻을 영영사전에서 찾아보면 "declare one's public approval or support of"라고 나와 있습니다. 찬성하고 지지하는 의견을 공개적으로 선언한다는 의미죠. support도 누군가를 지지하고 후원한다는 뜻이지만 그 주장을 인정하고 거들어주는 정도라면, endorse는 거들어주는 것을 넘어서, 공식적인 안건에 대해 공개적으로 지지를 선언한다는 의미를 지니고 있습니다. 그러니까 중국은 러시아를 support 하면서도 endorse 하지는 않을 수도 있는 것입니다. 러시아와 협력을 이어가고 자주 소통하며 러시아의 선택에 대해 지지하고 있긴 하지만, 국제 사회의 분위기를 무시할 수 없기 때문에, '공개적으로' 지지하지는 못하는 것이죠.

"푸틴에게 모욕감을 안겨 준 크림 대교의 폭발"

The Washington Post

2022. 7. 4.

Russia turns focus toward Donetsk after fall of Lysychansk

러시아는 리시찬스크 지역을 장악한 후, 도네츠크 지역에 집중하고 있다.

Aljazeera

2022. 8. 11.

What happens if Ukraine's Zaporizhzhia nuclear plant explodes?

만약 우크라이나 자포리자 원전이 폭발하면 어떻게 될 것인가?

Financial Times

2022. 8. 22.

Russia rules out peace deal to end Ukraine war

러시아는 우크라이나 전쟁을 끝내기 위한 평화 협정을 완전히 배제한다.

"rule out"

파이낸셜 타임스의 헤드라인에 rule out이라는 표현이 등장했습니다. 러시아가 평화 협정을 배제한다는 내용에 사용한 건데요. rule out은 rule과 out이 합해진 동사 표현입니다. 어떤 의미인지 파헤쳐 보겠습니다. rule은 '원칙. 규칙. 지배하다. 통치하다'라는 의미를 지닌 단어입니다. 그런데 이 뒤에 out이 붙으면 '통치하는 것으로부터 나가다.' 즉, '배제하다'라는 뜻이 됩니다. 따라서 rule out은 '제외하다. 배제하다'라는 의미이고, exclude, eliminate와 비슷하게 해석할 수 있습니다. 당시 러시아와 우크라이나 사이의 평화 협정이 체결될 것인지에 세계의 이목이 집중됐는데, 러시아는 단호하게 양국의 협정 체결은 불가능하다고 말했습니다. 아예 논의 선상에서 배제한 것이죠. 이에 파이낸셜 타임스는 rule out이라는 표현을 써서 평화 협정은 논의 대상이 아니고, 철저하게 제외된 안건이라는 사실을 강조한 것입니다.

The New York Times

2022. 9. 26.

Putin's Increasingly Arbitrary Draft

점점 더 독단적인 푸틴의 예비군 징집

Reuters

2022. 10. 5.

After Russian retreat, Putin formally annexes 15% of Ukraine

러시아가 후퇴한 후, 푸틴은 공식적으로 우크라이나 영토의 15%를 합병했다.

BBC

2022. 10. 8.

Crimea bridge partly reopens after huge explosion -Russia

거대한 폭발 후, 크림 대교가 부분적으로 다시 열린다.

배경 설명

2022년 7월, 러시아가 루한스크 지역을 완전히 장악하면서 전쟁의 분위기는 더 심각해졌습니다. (리시찬스크는 루한스크 지역의 핵심 요충지, 도네츠크는 돈바스 지역의 중심입니다.) 이후, 러시아는 분위기를 몰아 돈바스 지역까지 계속 공세를 이어갔기 때문이죠. 하지만 우크라이나는 이에 덤덤하게 대응하려 노력했습니다. 루한스크 주지사는 "이번 전투에서 물러나야 하는 건 우리에게 안 좋은 일이지만 이번 패배는 큰 의미가 없다. 최종적으로 전쟁에서 승리할 것이다."라고 말하면서 의지를 다졌고, 볼로디미르 젤렌스키 우크라이나 대통령 역시 반드시 빼앗긴 땅을 되찾을 것이라 다짐했습니다. 그 와중에 우크라이나의 안보국장과 검찰 총장이 러시아와 협력한 것이 드러나면서 정직되기도 하고,

푸틴 대통령이 이란을 방문하면서 동맹을 확인한 일도 있었습니다. 두 국가는 '반미'라는 키워드로 친밀감을 다졌고, 알리 호세인 하메네이 이란 최고 지도자는 나토를 '위험한 집단'이라고 표현하기도 했죠.

2022년 8월에는 유럽연합을 포함한 42개 국가가 공동성명을 발표했는데요. 그 성명에는 러시아를 향해 자포리자 원전으로부터 즉각적으로 인력을 철수하라고 요구하는 내용이 담겨 있었습니다. 당시 자포리자 원전 근처로 공격을 이어가는 러시아 때문에, 유럽 전체는 재난 위험을 체감하고 있었습니다. 방사선 유출 가능성도 큰 문제였죠.

그즈음, 전쟁을 끝내기 위한 러시아와 우크라이나 사이의 평화 협정 가능성이 대두됐습니다. 하지만 가틸로프 러시아 유엔 대사는 "러시아와 우크라이나의 외교적 접촉 가능성이 없어 보인다."라고 잘라 말했고, 외신들도 가틸로프 대사가 양국의 평화 협정 가능성에 대해 불가능하다고 못 박은 것이라 분석했습니다.

"푸틴, 제발 그만해"

이러한 상황에서 푸틴은 군 동원령까지 선포합니다. 러시아 내에서도 반발이 심했는데요. 동원령으로 인해 약 1%의 현직 노동자가 일자리를 잃게 되고, 국내총생산 GDP도 약 0.5% 포인트 하락할 것이라 예상됐기 때문입니다. 안 그래도 좋지 않은 러시아 경제에 한 번 더 악영향을 끼치게 되는 것이었죠. 더 큰 문제는 푸틴의 독단적인 군 선발 기준이었습니다. 예비군 징집 대상이 소수 민족에게 집중되면서 차별 논란이 일어난 건데요. 외신들은 푸틴이 '계획 없이 무작위로' 징집 대상을 선별하고 있다고 비판했습니다.

이 와중에 러시아는 우크라이나 영토의 15%를 합병하게 됩니다. 도네츠크와 루한스크, 헤르손, 자포리자를 포함해 4개 지역이었습니다. 이 합병은 크게 두 가지 포인트에서 큰 이슈가 되었습니다. 첫째, 이 지역을 완전히 보호한다는 명목하에 러시아가 핵무기를 사용할 수도 있다는 것을 암시한다는 분석이 나온 것입니다. 외신들은 러시아의 입장에서 핵무기 사용이 선택지가 될 수 있다고 경고했습니다. 두 번째는 합병의 절차에 관해 제기된 의문입니다. 9월 23일부터 5일 동안 주민 투표를 실시했다는데 압도적인 찬성표가 나온 것도 신뢰하기 어렵고, 이 모든 과정이 지나치게 속전속결로 진행됐기 때문이죠. 이에 대해 유엔은 25년 만에 긴급 특별 총회를 열고 러시아를 공개 비판했습니다. 우크라이나 4개 지역에서 실시한 주민 투표 자체가 국제법상 효력이 없는 불법행위라는 것입니다. 러시아의 철군을 요구하는 결의안을 채택하기도 했죠. 하지만 실질적인 결과는 없었습니다.

이후 큰 주목을 받았던 사건이 일어납니다. 바로 크림 대교 폭발 사건입니다. 2022년 10월, 크림 대교가 폭발하며 러시아와 우크라이나 사이의 긴장은 더욱 고조됐는데요. 이 폭발이 우크라이나의 공격이라고 여긴 러시아가 키이우에 보복성 미사일 공습을 했고, 엄청난 사상자가 발생했습니다. 외신들은 푸틴이 피의 보복에 나선 것이라고 보도했습니다. 크림 대교가 망가진 것은 푸틴의 자존심을 건드리는 의미로 해석할 수 있기 때문이죠. 실제로 CNN은 humiliation이라는 표현을 쓰면서 푸틴이 엄청난 굴

욕을 당했다고 분석했습니다. 이후 러시아 보안 당국은 크림 대교 폭파 사건이 우크라이나의 테러라며 용의자 8명을 체포했다고 밝혔는데, 우크라이나는 억울함을 호소했습니다.

국세 시사 상식

"크림 대교 = 결혼 반지"

2022년 10월, 크림 대교가 폭발했을 때, 국제 사회는 긴장했습니다. 블라디미르 푸틴 러시아 대통령이 어떻게 대응할지 두려웠다는 표현이 맞을 겁니다. 예상대로 푸틴은 '피의 보복'을 했고, 우크라이나의 수많은 민간인이 죽임을 당했습니다. 외신들은 이번 크림 대교의 폭발이 푸틴의 굴욕이라며 자극적인 헤드라인을 쏟아냈고, 푸틴도 이에 격하게 반응했습니다. 크림 대교가 도대체 무슨 의미를 지녔기에, 푸틴은 이렇게까지 분노한 걸까요?

This is his bridge, his project, built with the equivalent of almost 4 billion dollars from the Russian treasury. It's a symbolic "wedding band" uniting Mother Russia and Ukraine.

크림대교는 러시아 자금으로 40억 달러나 들여 건설한 푸틴의 다리이고 푸틴의 프로젝트이다. 이것은 상징적으로 엄마인 러시아와 자식인 우크라이나를 연결하는 '결혼반지'인 것이다.

CNN에서 보도한 기사에, "크림 대교는 상징적으로 러시아와 우크라이나를 결합하는 결혼반지(wedding band) 같은 것"이라고 나와 있죠.

러시아는 기본적으로 우크라이나를 속국처럼 생각하고 있습니다. 소련이 붕괴하면서 독립한 우크라이나에 대해 여전히 러시아의 손안에 있다고 생각하기 때문에, 우크라이나가 기본적으로 '반러'의 성격을 지닌 나토에 가입하려는 노력에 분노하는 것이죠.

러시아는 2014년, 우크라이나를 침공해서 크림반도를 삼켰습니다. 1994년에 우크라이나는 경제적, 군사적 안전을 보장받기로 한 조건으로 핵무기까지 포기했는데, 2014년에 러시아가 그 약속을 어긴 것이죠. 이후, 공식적으로 러시아군이 우크라이나 땅에 주둔할 수 있게 됐습니다. 당시에도 이번과 마찬가지로 주민 투표로 합병했다고 러시아 측에서는 주장하고 있지만, 분명히 압박이 있었을 것입니다. 당시 버락 오바마 전 미국 대통령이 "러시아는 대가를 치를 것이다."라는 의미심장한 말을 했던 것이 기억나네요. 하지만 러시아는 자신을 우크라이나의 어머니라 여기면서, 마치 잃어버린 영토 한 조각을 찾듯이 크림반도를 점령했습니다.

크림반도를 점령한 후, 푸틴은 거액을 들여서 러시아 본토와 크림반도를 잇는 크림 대교를 건설합니다. 말 그대로 두 영토를 이어주는 '결혼반지'와 같은 의미였죠. 푸틴에게는 엄청난 자부심을 느끼게 하는 업적이었습니다. 이렇게 푸틴에게 큰 의미가 있는 크림 대교가 폭발했을 때, 그는 자존심이 매우 상했을 것입니다. 그래서 그가 선택한 것은 미사일 공습과 민간인 공격이었죠. 전쟁의 잔인함을 그대로 보여준 최악의 선택이었습니다.

그래서
중국이 문제야

01

타이완 이슈로 고조된
미·중 갈등

외신 기사로 읽는 국제 뉴스 ··

"성과 논란에 휩싸인
UN 인권최고대표"

South China Morning Post

2022. 5. 30.

EU laments UN human rights chief's limited access on visit to China

유럽연합, 유엔 인권최고대표의 제한된 중국 방문을 한탄하다.

Reuters

2022. 7. 19.

EXCLUSIVE China seeks to stop UN rights chief from releasing Xinjiang report -document

단독보도/ 중국은 유엔 인권최고대표가 신장웨이우얼(위구르) 자치구 인권 보고서를 발표하는 것을 막으려고 한다.

배경 설명

2022년 5월, 미첼 바첼레트 유엔 인권최고대표가 중국을 방문했습니다. 시진핑 주석과 직접 만나진 않고 화상 회의를 했죠. 회의 주제는 바로 신장웨이우얼 자치구 인권 문제였습니다. 이 문제는 오랫동안 국제 사회의 큰 이슈였기 때문에, 바첼레트 대표의 성과에 대한 기대도 컸습니다. 하지만 화상으로만 회의가 진행되었고, 시진핑 주석에게 경고 메시지조차 전하지 못했다는 평가를 받았습니다. 특히, 시진핑 주석은 "훈계는 필요 없다."라며 불편한 심기를 드러냈는데요. 시 주석은 "인권 문제는 국가에 따라, 상황에 따라 다르게 해석될 수 있다."라는 어이없는 발언까지 했습니다. 외신들은 바첼레트 대표의 중국 방문을 두고 '성과 논란'을 제기했고, 국제 사회는 바첼레트 대표가 중국에 너무 관대했다고 비판했습니다. 토니 블링컨 미 국무장관도 "바첼레트 대표의 충분한 접근권이 보장되지 않았다."라며 쓴소리를 했죠. 하지만 바첼레트 대표는 "조사가 아닌 소통을 한 것이다. 충분히 의미 있는 기회였다."라고 말했습니다. 특히, 신장 지역에 대한 보고서를 쓰겠다는 약속을 했다며 성과가 분명히 있었다고 강조했습니다. 하지만 중국은 유엔의 인권 보고서 발간을 적극적으로 막으려 했죠. 시 주석은 "보고서가 발간되면 인권 분야의 정치화와 대립이 심화될 것이다. 유엔의 신뢰성도 훼손될 것이다."라고 주장하면서 보고서 발간을 강하게 저지했습니다. 외신들은 바첼레트 대표가 압박에 못 이겨 결국은 보고서를 발간하지 않을 가능성이 크다고 보도하기도 했습니다. 성과 논란도 계속 이어졌죠. 결국, 바첼레트 대표는 유엔 인권최고대표직을 내려놓게 됩니다. 하지만 임기 마지막 날인 2022년 8월 31일, 중국의 심각한 인권 침해 내용을 담은 '중국 신장 지역 위구르족 인권 탄압 보고서'를 발표했죠. 이 보고서에는 "중국의 행위가 국제법상 반인도 범죄에 해당할 수 있다."라는 내용이 담겨 있었습니다.

미국,
"타이완을 포기하지 않겠다."

CNN

2022. 8. 2.

Pelosi expected to visit Taiwan, Taiwanese and US officials say

낸시 펠로시 미국 하원 의장, 타이완을 방문할 것으로 보인다.

The New York Times

2022. 8. 1.

U.S. Warns China Not to Turn Pelosi's Expected Trip to Taiwan Into a 'Crisis'

미국, 중국 향해 펠로시의 타이완 방문을 위기로 만들지 말라고 경고.

CNN

2022. 8. 3.

Pelosi says US will 'not abandon' Taiwan as China plans military drills

During a historic trip to Taiwan Wednesday, US House Speaker Nancy Pelosi said her visit was intended to make it "unequivocally clear" that the United States would "not abandon" the democratically governed island.

펠로시, 중국이 군사 훈련을 계획하는 동안 "미국은 타이완을 포기하지 않을 것"이라고 말했다.

수요일, 역사적인 타이완 방문에서 낸시 펠로시 미국 하원 의장은 이렇게 말했다. "이번 방문은 미국이 민주국가인 타이완을 포기하지 않을 것이라는 의지를 명백히, 분명히 하기 위한 것이다."

The Guardian   2022. 8. 9.

'This is about striking fear': China's Taiwan drills the new normal, analysts say

타이완 포위 중국의 군사 훈련은 "충격적인 공포"

The Guardian   2022. 8. 14.

US lawmakers to meet Taiwan president as China tensions simmer

미국 상하원 의원들, 중국의 화가 고조되고 있는 상황에서 타이완 총통 만나다.

France 24   2022. 9. 7.

Une délégation de parlementaires français reçue à Taïwan

타이완에 도착한 프랑스 국회의원 대표단.

2022년 8월 1일, 낸시 펠로시 미 하원 의장이 타이완을 방문할 것이라는 보도가 나왔습니다. CNN에서 최초 보도가 나왔을 때, 세계는 펠로시 의장의 움직임에 주목했습니다. 시진핑 중국 국가 주석이 가장 강조하는 내용이 '하나의 중국'과 '타이완 통일'이었기 때문이죠. 예상대로 중국은 "펠로시 의장이 타이완을 방문할 경우 하나의 중국이라는 원칙을 어기는 것이고 무력을 사용할 수도 있다."라고 위협했습니다. 바로 이어서 남중국해에서 군사 훈련도 실시했습니다.

뉴욕타임스는 시진핑 주석이 타이완 통일에 대한 의지를 드러내고 있는 만큼, 이 부분에 있어 강인한 이미지를 보이고 싶어 한다고 분석했습니다. 굽히지 않는 강한 모습을 보이며, 3연임을 향한 발판으로 활용한다는 것이죠. 기사가 게재된 후 하루 뒤인 2일, 펠로시 의장은 타이완에 가서 차이 총통을 만났습니다. 그녀의 이번 타이완 방문은 큰 의미가 있었습니다. 1997년 이후 처음으로 타이완을 찾은 미국의 고위급 인사가 되는 것이기 때문입니다.

펠로시 의장의 타이완 방문에 중국은 강하게 반발했죠. 하지만 펠로시 의장은 공개적으로 "우린 타이완을 포기하지 않을 것이다."라고 말했습니다. "이번 방문은 미국이 민주국가인 타이완을 포기하지 않겠다는 의지를 분명히 하겠다는 의도"라고 강조하면서 강한 의지를 드러낸 것입니다. 펠로시 의장은 차이 총통과의 만남에서 그 어느 때보다도 미국과 타이완의 연대가 중요하다는 메시지를 전했고, 차이 총통도 "우리의 주권을 확고하게 지키겠다."라며 의지를 다졌습니다. 이에 외신들은 중국이 군사 훈련을 실시할 경우 쿠바 미사일 위기의 21세기 버전으로 발전할 수도 있다고 우려했습니다. 하지만 펠로시 의장은 상관없다는 듯이 트위터에 "실수하지 말 것"이라고 남기면서 미국의 변함없는 약속을 강조했습니다.

"하나의 중국이라고 했지!"

그렇다면, 중국은 어떻게 대응했을까요? 예상대로 군사 훈련을 실시했습니다. 외신들은 중국의 무력시위 규모가 예상만큼 엄청나진 않았지만, 타이완에 공포감을 불러일으킨 건 분명하다고 분석했습니다. 시진핑 주석은 그동안 사실상 흡수 통일을 강하게 주장해왔죠. 그 과정에서 무력 사용을 배제하지 않겠다는 입장도 고수했는데요. 미국도 양보하지 않았습니다. 펠로시 의장의 타이완 방문만으로도 미·중 갈등은 고조됐는데, 이에 아랑곳하지 않고 미국 상하원 의원단까지 타이완 총통을 만난 것입니다. 중국은 격하게 반응하며, 타이완 주변에서 더 많은 군사 훈련을 실시했죠. 이 당시에는 하루 동안에만 7차례나 타이완 해상을 넘어간 날도 있었습니다. 하지만 미국은 약속처럼 타이완을 포기하지 않겠다는 태도를 고수했습니다. 인디애나주 주지사까지 타이완 총통을 만나서 경제 협력을 약속한 겁니다. 그리고, 이 흐름을 이어서 9월에는 프랑스 국회의원 대표단이 타이완을 방문했습니다. 이후 캐나다와 영국 의원들도 타이완 방문을 추진하고 있다는 기사가 나왔죠. 국제 사회가 타이완을 독립된 국가로 인정한다는 태도를 행동으로 보여준 것입니다.

이후 G20 정상회의 현장에서 미·중 정상회담이 열렸는데, 이때 시 주석은 타이완 이슈에 대해서 "넘지 말아야 할 선, 레드 라인"이라고 강조했습니다. 국제 사회가 아무리 한목소리를 내도, 혼자만의 길을 걷고 있는 중국. 과연 타이완의 미래는 어떻게 될까요?

왜 이 영단어를 썼을까?

"unequivocally clear"

낸시 펠로시 미 하원 의장은 이번 타이완 방문의 의도에 대해 이렇게 설명했습니다. "미국이 민주국가인 타이완을 포기하지 않겠다는 의지를 분명히 하는 것이다." 여기에서 unequivocally clear라는 표현을 썼는데요. unequivocally 자체가 '논란의 여지가 없이. 명백한. 다른 해석의 여지가 없는'이라는 뜻입니다. 그런데 바로 이어서 사용한 clear도 '명백한. 분명한'이라는 뜻을 지니고 있죠. 그녀가 이 두 가지 어휘를 한꺼번에 썼다는 것은 그만큼 강한 의지를 드러낸 것이라고 볼 수 있습니다. 펠로시 의장은 평소에도 자신의 주장을 강조할 때, 비슷한 의미를 지닌 다른 어휘를 반복해서 사용할 때가 많습니다. 트럼프 전 대통령이 과장된 수식어를 여러 번 쓰고, 오바마 전 대통령이 쉽고 짧은 문장을 반복하는 것처럼 그녀도 그녀만의 스타일이 있는 것이죠. 그녀는 unequivocally clear라는 표현을 통해서, 미국은 중국이 의도하는 타이완 흡수 통일을 가만히 보고만 있지는 않을 거라는 강한 의지를 표현했다고 해석할 수 있습니다.

"simmer"

가디언의 기사에서 "중국의 화가 고조된 상황에서 미국의 상하원 의원들이 타이완을 방문한다."라는 헤드라인이 있었죠? 여기에서 가디언은 tensions simmer라는 표현을 썼는데요. '긴장이 고조됐다. 중국이 화가 났다.'라고 표현하려면 tensions build up이라고 쓸 수도 있고, tensions increase라고 쓸 수도 있을 텐데, 왜 굳이 기사에서 흔하게 쓰지 않는 simmer라는 어휘를 사용했을까요? simmer는 '부글부글 끓다'라는 뜻을 지니고 있습니다. 따라서 tension이라는 단어와 만나면, '긴장이 격화되다. 화가 나서 부글부글 끓다.'로 해석할 수 있겠죠. 당시 중국은 펠로시 의장의 타이완 방문만으로도 매우 화가 난 상태였습니다. 그래서 군사 훈련으로 위협을 하기도 하고, 미국을 향해 공개적인 경고를 하기도 했는데 미국은 마치 중국을 무시하듯 상하원 의원단을 타이완에 보냈죠. 이에 중국은 말 그대로 '부글부글 끓었던' 것입니다. tension이 '긴장'이라는 의미를 넘어서 '신경질. 화'의 의미로도 해석될 수 있기 때문에, 이때 중국이 얼마나 분노했는지를 표현하기 위해 가디언에서는 tensions simmer라는 표현을 쓴 것입니다.

시진핑,
결국 3연임 성공

외신 기사로 읽는 국제 뉴스 ·······································

"후퇴하는 중국,
시진핑의 전체주의적 독재 우려"

The New York Times

2022. 10. 17.

'Moving Backward': In Xi's China, Some See an Era of Total Control

A decade ago, many prominent Chinese hoped that Xi Jinping would usher in openness and reform. Today, some of them believe he has created a totalitarian state.

'후퇴하는 중국' 시진핑의 전체주의적 독재 우려

10년 전, 저명한 중국인 다수는 시진핑이 개방과 개혁을 이끌기를 바랐다. 하지만 오늘날 그들 중 일부는 시 주석이 전체주의 국가를 만들었다고 보고 있다.

CNN

How Xi has changed China

When Chinese leader Xi Jinping came to power in 2012, he unveiled a sweeping vision for the "great rejuvenation" of the country - a "dream" that would make China powerful and prosperous.

시진핑은 중국을 어떻게 변화시켰나.

2012년, 시진핑 중국 국가 주석이 집권을 시작했을 때, 국가의 대부흥을 위한 전면적인 비전을 공개했다. 그것은 중국을 강하게 만들고 번영을 이끌겠다는 꿈이었다.

Politico

2022. 11. 29.

Are China's lockdown protests the beginning of the end for Xi Jinping?

중국의 코로나 봉쇄 반대 시위, 시진핑 시대 종말의 시작인가?

CNBC

2022. 12. 7.

China eases Covid restrictions on travel and production

중국, 여행과 생산에 대한 코로나 규제 완화

2022년 10월, 시진핑 중국 국가 주석의 3연임이 거의 확정됐다는 보도가 나왔습니다. 외신들은 일제히 중국이 후퇴하고 있다며 비판적인 기사를 쏟아냈죠. 시 주석이 마오쩌둥과 덩샤오핑처럼 사망할 때까지 권력을 행사할 것이라는 우려 때문이었습니다. 만약 그게 현실이 된다면, 중국은 1인 독재 국가로 돌아가는 것이니까요. 시 주석은 2012년 정권을 잡았을 때부터 '중국의 위대한 회춘'을 꿈꾸며 사실상 독재 체제를 이어왔습니다. 하지만 표면적으로는 극단적인 사회주의에서 벗어나 개방과 개혁을 이끄는 것처럼 보였죠. 시 주석의 3연임 가능성에 대해 최초로 보도한 CNN은 "그가 살아있는 한 권력을 유지할 것"이라고 전망했습니다.

이후 시진핑 주석의 3연임이 확정되면서 세계 언론은 우려의 목소리를 높였습니다. 시 주석이 생존하는 동안에는 중국의 지도자가 바뀌지 않을 거라는 예측이 나오면서, 냉전 시대로 돌아갈 수도 있다는 전망까지 나온 것이죠. 미국과 구소련이 자유 진영과 공산 진영으로 나뉘어 극단적인 이념 갈등을 겪던 그때로 돌아갈 수 있다는 겁니다. 하지만 조 바이든 미국 대통령이 공개적으로 "새로운 냉전은 없다."라고 약속하면서, 양국 관계가 조금은 개선될 것이라는 분석도 나왔습니다.

그렇다면, 중국 내의 분위기는 어땠을까요? 2022년 11월 말, 중국 전역에서 역사적인 대규모 시위가 일어났습니다. 시 주석이 오랫동안 고수해 온 코로나 봉쇄 정책 때문에 고통을 겪고 있던 시민들이 움직인 것입니다. 이른바 '백지 시위'로 불린 중국의

제로 코로나 반대 시위는 열흘 동안 이어졌습니다. 그리고 외신들은 절대 권력자인 시 주석을 상대로 대규모 시위가 일어났다는 것 자체에 큰 의미가 있다고 분석했습니다. 시진핑에게 코로나는 개인적인 정치 프로젝트였는데 대중이 이에 분노했기 때문에, 그의 정치 인생에 큰 걸림돌이 될 수 있다는 것이죠. 특히 시위 참가자의 대부분이 학생이어서 파급력이 더 클 것으로 전망했습니다. 결국, 중국은 3년 만에 '위드 코로나'를 발표했습니다. 백지 시위가 일어난 지 열흘 만이었고, 세계 다른 국가들보다 1년 정도 늦은 결정이었습니다.

국제 시사 상식

"미국과 시진핑"

시진핑 중국 국가 주석의 3연임이 확정되면서, 국제 사회는 중국이 독재 체제로 돌아갈 것으로 전망하고 있습니다. 외신들도 이 우려에 대해, 씁쓸하지만 현실적인 판단이라고 분석했습니다. 시진핑이 생존하는 동안 계속 중국을 지배하게 된다면, 양국 관계는 미국과 중국의 국가적인 관계보다도, 미국과 시진핑의 관계에 따라 달라질 수 있을 것입니다. 그래서 미국의 전 대통령들과 시진핑의 관계를 분석해 보려 합니다.

시 주석이 처음 정권을 잡고 오바마 전 미국 대통령과 첫 정상회담을 가진 것은 2013년 6월 8일이었습니다. 당시, 뉴욕데일리뉴스 헤드라인에 아주 재미있는 내용이 실렸는데요.

"ruling pair"(뉴욕데일리뉴스에 실린 이미지를 그림으로 재구성)

New York Daily News

2013. 6. 16.

Obama and Xi Jinping pictures censored by Chinese authorities: Take down viral shots comparing ruling pair to Pooh and Tigger

두 정상을 곰돌이 푸우와 티거에 비교하는 사진이 실린 겁니다.

그리고 데일리뉴스에서는 이 둘을 ruling pair '지배하는 한 쌍' 이라 표현했습니다.

보통 외신 기사에서 양국 정상을 묘사할 땐 '대응 관계에 있는 상대'라는 뜻으로 counterpart를 자주 씁니다. 하지만 이때 오바 마와 시진핑이 친한 친구처럼 보인다고 해서 pair(쌍. 짝꿍)로 불 리곤 했죠. 특히 친근한 만화 캐릭터와 비교했다는 것은 그만큼 정상회담의 분위기가 좋았다는 것을 의미합니다.

두 정상이 만나기 전, 당시 미·중 관계는 특히 좋지 않았습니 다. 오바마 전 대통령이 후진타오 전 주석과 기후 변화에 대해 논 의했는데, 형식적인 협정문만 합의했기 때문이죠. 이에, 양국 관계에 긴장감이 돌았습니다. 하지만, 우려와는 달리 시진핑과 오바마는 첫 회담에서 긍정적인 분위기를 만들어냈습니다. 결국 2015년, 파리기후변화협약이 채택되는 큰 결실을 보게 되었죠.

이후 양국 관계는 긍정적으로 흘러갔을까요? 적어도 표면적으로는 그랬습니다. 기후 변화에 대해 중국과 미국이 협력하는 듯 보였기 때문입니다. 하지만 트럼프 전 대통령이 취임 후에 폭탄 선언을 하면서 분위기는 갑자기 악화됐습니다. 트럼프 행정부가 2017년에 정권을 잡은 직후, 파리 협약에서 탈퇴했기 때문입니다. 당시 CNN은 "트럼프가 파리 협약 탈퇴를 고민한다."라는 내용을 최초로 보도했는데, 이 기사가 나온 순간부터 국제 사회의 비난은 시작됐고 중국이 배신감을 느꼈을 것이라는 기사도 나왔습니다. 그 고민은 현실로 이어졌죠. 또한, 2018년 말에는 중국을 향한 트럼프의 폭탄 관세도 큰 이슈가 됐습니다.

The Wall Street Journal　　　　　　　　　　2022. 12. 4.

'I Am a Tariff Man'

"나는 관세맨이다."

당시 미국과 중국의 무역 전쟁이 겨우 휴전 중인 상태였는데, 트럼프 전 대통령이 "나는 관세맨이다."라면서 중국을 위협했고, 양국 관계는 역사상 최악이라 기억될 정도로 안 좋아졌습니다.

이렇게 미국 대통령들과 시진핑 주석과의 관계는 전반적으로 늘 위태로웠습니다. 이번 조 바이든 대통령과의 정상회담에서는 적어도 기후 변화를 포함해 몇 가지 이슈에 대해서는 합의점을 찾았기 때문에 표면적으로는 관계가 완화된 것으로 보이는데요. 하지만 타이완 이슈에 대해서는 양국이 각자의 입장을 고수하고 있기 때문에, 미국과 중국의 간격은 좁혀지지 않을 것이라는 분석이 지배적입니다.

발칙한 한마디

"중국은 역시 세계의 문제아"

2022년 2월 24일, 러시아가 우크라이나를 침공하자 국제 사회는 충격에 빠졌습니다. 국제연합 유엔을 중심으로 세계 각국이 블라디미르 푸틴 러시아 대통령을 비난했고, 전쟁을 멈추라는 성명을 발표했죠. 유엔 안전보장이사회도 러시아의 전쟁을 막기 위해 적극적으로 움직였지만, 러시아가 거부권을 행사하면서 상황은 처음으로 돌아갔습니다. 이후 엄청난 피해자를 양산하고 국제 평화를 깨뜨린 우크라이나 전쟁은 1년 이상 지속되고 있습니다.

이러한 상황에서 혼자만의 길을 걷고 있는 국가가 있습니다. 바로 중국입니다. 물론 이란과 북한도 비슷한 입장을 취하고 있지만, 국제 사회에서 영향력을 지닌 중국의 행위가 더욱 의미 있는 것이 사실입니다. 시진핑 중국 국가주석은 공식적인 자리에서 러시아를 대놓고 지지하진 않았지만, 동시에 전쟁을 일으킨 것에 대한 책임을 묻지도 않았습니다. 그래서 외신들은 중국의 태도에 대해 다양한 해석을 내놨죠. 그런데 2022년 7월, 블룸버그 통신이 충격적인 기사를 게재했습니다. 중국과 러시아의 교역이 우크라이나 전쟁 발발 이후 증가했다는 내용이었습니다.

전쟁이 일어난 이후, 세계 각국은 러시아를 제재하기 시작했습니다. 이에 러시아가 죄책감을 느끼지 않고 뻔뻔한 태도로 일관하자, 러시아를 향한 제재는 더욱 범위를 넓혀갔습니다. 하지만 중국은 러시아산 원유를 값싼 가격에 수입하며 실리를 챙기고 있었습니다. 블룸버그 통신의 보도에 따르면, 중국이 러시아에서 수입한 상품의 규모가 2021년에 비해 1년 만에 56.3%나 증가했다고 합니다. 이에 국제 사회가 중국을 비난하자, 중국은 미국 주도의 러시아 제재에 대해 '국제법에 근거하지 않은 일방적 제재'라고 비판했습니다. 제2차 세계대전 이후 국제 사회가 함께 노력해서 겨우 지켜왔던 평화를 깨뜨리고, 수백만 명의 난민과 사상자를 낳은 전쟁 앞에서 그 어떤 가치보다 반미 감정을 앞세운 중국에 대해서 여러분은 어떻게 생각하십니까? 독재 체제로 복귀하면서 자국민의 일상을 통제하는 것도 물론 큰 문제이지만, 국제 사회에 악영향을 끼치는 것이야말로 비난을 피하기 힘든 문제가 아닐까요? 볼로디미르 젤렌스키 우크라이나 대통령은 중국에 대해 "러시아를 지원하는 건 제3차 세계 대전을 의미하는 것"이라며 강하게 경고하기도 했는데요. 다양한 외신들은 중국이 러시아에 살상 무기를 지원할 가능성이 크다고 분석하고 있습니다.

기본권을
박탈당한 그녀들

01

마흐사 아미니와
이란의 여성 인권

외신 기사로 읽는 국제 뉴스 ···

"22살 마흐사 아미니의
억울한 죽음"

The Guardian   2022. 9. 26.

Death toll grows in Iran as Mahsa Amini
protests continue for 10th night

이란에서 마흐사 아미니 관련 시위가 열흘째 이어지면서 사망자 수가 증가
하고 있다.

The Washington Post

2022. 10. 9.

Death of 16-year-old protester adds new fuel to Iran uprising

16세 시위자의 사망이 이란 시위에 새로운 연료를 끼얹었다.

The Washington Post

2022. 10. 9.

Iran's Brave Women Deserve the World's Support

Over the past three weeks, young female protesters in Iran have led the biggest show of resistance against the country's theocratic regime in more than a decade. US and European leaders have rightly voiced support for them. As the regime intensifies its brutal response, the West should do what it can to ensure the movement survives.

이란의 용감한 여성들은 세계의 지지를 받을 자격이 있다.

지난 3주 동안, 이란의 젊은 여성 시위자들은 10년 이상 지속된 이란의 신정 체제에 대한 가장 큰 저항을 이끌어냈다. 미국과 유럽의 지도자들도 바로 그들을 지지하는 목소리를 냈다. 이란 정부가 잔인한 대응을 강화하고 있기 때문에, 서방국들은 지금 이 움직임이 계속 이어질 수 있도록 할 수 있는 것을 해야 할 것이다.

배경 설명

2022년 9월 16일, 22세 여성 마흐사 아미니가 이란의 '도덕 경찰'에 의해 살해당했습니다. 히잡을 '제대로' 착용하지 않았기 때문이었죠. 이란 정부는 그녀가 경찰에게 잡혀가 구금되었다가 심장마비로 사망했다고 발표했지만, 아무도 이 말을 믿지 않았습니다. 이슬람 율법을 지나치게 강요해 온 이란 정부를 국민들은 더 이상 신뢰하지 않기 때문입니다. 이 사건을 발단으로 이란에서는 '히잡 반대 시위'가 대규모로 일어나기 시작합니다.

시위는 오랜 기간 지속됐고, 그 규모도 커졌는데요. 이에 이란 정부는 더욱 강경하게 대응했고, 시위에 참여했다가 억울하게 죽어가는 사람들도 증가했습니다. 이 중 16세 어린 소녀가 사망하면서, 시위는 이란 전역으로 퍼지게 되었죠. 뿐만 아니라, 미국과 유럽에서도 이란 여성들의 인권 침해를 규탄하는 시위가 일어났고, 특히 유럽의 지도자들은 공식적인 자리에서 이란 여성들을 지지하기도 했습니다. 전 세계 여성들은 소셜 미디어에 자신의 머리카락을 잘라 올리면서 여성 인권 향상을 원하는 목소리를 냈죠.

국제 시사 상식

"히잡이 뭐기에?"

이란에서 여성이 머리를 가리는 것이 의무가 된 출발점은 1979년 이란 혁명이었습니다. 사실 1979년 혁명이 일어나기 전에는, 종교적 신념에 따라 자율적으로 히잡 착용 유무를 결정할 수 있었습니다. 하지만 혁명 이후 친미 성향의 팔레비 왕조가 끝나면서 히잡 착용이 의무이자 강요가 되어버렸고, 법적으로 의무화가 된 건 1983년이었습니다.

이 이유를 살펴보면, 코란에 "이성을 바라보는 시선을 거둬라. 외적인 아름다움을 드러내지 마라."라고 나와 있는 부분을, 이슬람 정권에서는 "여성이 신체를 가려야 남성으로부터 성폭행을

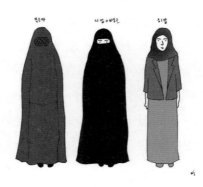

부르카 / 니캅 / 차도르 / 히잡

당하지 않는다."라고 해석하기 때문이라고 합니다.

　이란에서는 머리를 가리는 히잡 착용이 1983년부터 법적으로 의무가 됐고, 아프가니스탄에서는 2021년에 탈레반이 정권을 다시 장악하면서 눈까지 다 가리는 부르카 착용이 의무가 된 상황입니다. 이렇듯 이슬람 국가의 여성들은 신체의 일부를 천으로 가려야 한다고 강요받고 있는데요. 이슬람 여성의 의무이자 불평등의 상징이 되어버린 천 의상의 종류는 히잡, 차도르, 부르카, 니캅, 아바야, 카르사프, 부르키니 등 보통 10가지 정도 됩니다. 이 중 가장 대표적인 히잡과 부르카, 니캅과 차도르는 각각 어떻게 다른지 살펴보겠습니다.

　(1) 히잡: 머리와 목, 가슴 일부분을 가리는 두건 같은 형태입니다. 색깔도 다양하고, 얼굴 전체와 하반신이 보이기 때문에 네 가지 중에 가장 개방적인 의상이라고 볼 수 있습니다.

(2) 차도르: 얼굴을 제외한 몸 전체를 가리는 망토 같은 형태입
니다. 히잡보다는 많은 부분을 가리지만, 여전히
얼굴은 보이는 의상이죠. 차도르는 보통 검은색인
데, 가끔 문화권에 따라 다양한 색이나 무늬가 있
는 것도 있습니다. 크게 보면, 아바야, 카르사프와
같은 종류라고 할 수 있습니다.

(3) 니캅: 눈을 제외한 얼굴 전체를 덮는 가면 같은 형태입니
다. 얼굴을 가리는 용도인데, 보통 차도르와 함께 착
용합니다. 따라서, 눈만 보이고 얼굴과 몸 전체가 보
이지 않게 입는 의상이죠.

(4) 부르카: 눈을 포함한 얼굴과 몸 전체를 가리는 가장 보수적
인 복장입니다. 보통 파란색 천으로 제작되는데요.
눈 부분은 매우 얇은 천이나 망사로 가리기 때문
에, 세상을 볼 수는 있지만 명확하게 시야를 확보
하기는 어렵습니다. 특히 옆은 잘 보이지 않겠죠.
아프가니스탄 여성들은 탈레반이 재집권한 2021
년부터 부르카를 반드시 착용해야 합니다.

"이란, 도덕 경찰 해산 고려?"

The Wall Street Journal

2022. 12. 7.

Iran Disbands Morality Police, Considers Changing Hijab Laws, Official Says

이란, 도덕 경찰을 해산하고 히잡 관련 법을 바꾸는 것을 고려하고 있다.

TIME

2022. 12. 7.

HEROES OF THE YEAR -The Women of Iran

타임 선정 올해의 영웅: 이란의 여성들

CNN

2022. 12. 13.

Second Known protest-related execution carried out in Iran

Rahnavard was hanged in a public execution in the northeastern city of Mashhad early Monday morning, it said.
He is the second known person to be executed in connection to the 2022 protests. His death comes less than a week after Mohsen Shekari -the first known protester to be executed -who was hanged last Thursday.

이란에서 시위 관련 두 번째 사형 집행

라나바드는 북동부 도시인 마슈하드에서 현지 시각으로 5일, 이른 아침에 공개 처형당했다. 그는 2022년 (마흐사 아미니 사망 규탄) 시위와 관련해 두 번째로 처형된 것으로 알려진 사람이다. 그의 사형은 지난 목요일, 최초로 교수형을 당했던 시위 참가자 모센 세카리가 처형된 지 일주일도 지나지 않아 집행됐다.

배경 설명

　마흐사 아미니의 사망 이후, 이란 여성들을 지지하는 국제 사회의 움직임이 거세지자 이란의 도덕 경찰이 해산될 것이라는 소식이 들려왔습니다. 물론 이란 정부에서 공식적인 발표를 한 것은 아니기 때문에 외신들도 반신반의하는 분위기였지만, 적어도 도덕 경찰의 존재에 대한 의문이 제기된 것 자체에 의미가 있었죠.

　이후 타임에서 매해 12월에 선정하는 '올해의 인물' 중 '올해의 영웅'으로 이란의 여성들을 선정하면서, 여성 인권에 대한 관심이 커졌습니다.

　하지만 이란은 이에 아랑곳하지 않는 듯, 반정부 시위에 참여했던 23세 청년에게 사형 선고를 내렸는데요. 결국 12월 11일, 사형 집행을 했습니다. 국제 사회가 사형 제도에 대해 강하게 비판하고 있기 때문에 사형 선고를 내리는 국가도 엄청나게 줄었고, 사형을 실제로 집행하는 국가는 거의 없는 상황이죠. 하지만 이란은 도심 거리에서 공개적으로 사형을 집행하면서 또 한 번 외신들의 헤드라인을 장식했습니다. 유럽연합과 국제 앰네스티는 이란 사법부의 비인간적인 행위에 대해 강하게 규탄했습니다. 특히 유럽연합 외교이사회는 이란의 국영 방송사를 포함한 관련 기관 5곳과 이란인 24명에 대해 추가 제재를 결정했다고 발표했습니다. 하지만 이러한 국제 사회의 비판에도 불구하고, 이란은 계속해서 사형 집행을 이어갔습니다. 2023년 1월에는 민병대원을 살해한 혐의로 구금됐던 22세, 39세 청년 두 명이 교수형을 당했고 바로 이틀 후, 또 다른 3명의 시위자에 대한 추가 사형도 집행됐는데요. 유엔 인권사무소는 이란 당국이 가혹한 조사를 진행하면서 청년들은 '강요에 의한 자백'을 했고, 불공정한 재판의 결과로 사형 집행이 이뤄졌다고 비판했습니다. 또한, 이란 국민의 대부분이 사형에 반대한다는 외신 기사도 쏟아져나왔습니다.

국제 시사 상식

"도덕 경찰이란?"

도덕 경찰은 1979년 이란 혁명 이후, 다양한 형태로 존재해왔습니다. 이란 혁명 이전에는 사회의 분위기가 지금보다 훨씬 자유로웠지만, 혁명 이후에는 샤리아 율법이 국가 운영의 근간이 됐고, 여성에게 히잡을 강요하는 법률이 제정되면서 도덕 경찰도 탄생했는데요. 지금과 같은 형태의 도덕 경찰은 2006년에 설립됐고, 사법부 소속이 아닌 내무부 소속인 것으로 알려져 있습니다.

What does the 'morality police' do?

"Gasht-e-Ershad," which translates as "guidance patrols," and is widely known as the "morality police," is a unit of Iran's police force established under former hardline president Mahmoud Ahmadinejad.

There are no clear guidelines or details on what types of clothing qualify as inappropriate, leaving a lot of room for interpretation and sparking accusations that the "morality" enforcers arbitrarily detain women.

'도덕 경찰'이 하는 일은 무엇인가?

'지도 순찰대' 정도로 번역되는 '가쉬테 에르샤드'는 '도덕 경찰'로 널리 알려진 이란의 경찰 부대이다. 이는 강경파 전 대통령인 마무드 아마디네자드(2005. 8.~2013. 8. 9~10대 대통령) 시절에 창설됐다.

어떠한 종류의 옷이 부적절한지에 대한 명확한 지침이나 세부사항은 없다. 해석의 여지가 크게 남아있는 것이다. 그래서 도덕 경찰들이 임의로 여성을 구금한다는 비난이 일고 있다.

───── 왜 이 영단어를 썼을까? ─────

"room"

room은 보통 '방' '공간'이라는 뜻으로 쓰이는데요. '여지' '가능성'이라는 뜻으로도 해석될 수 있습니다. 쉽게 '무언가를 해석할 수 있는 공간'으로 생각하시면 좋겠어요. '이렇게도 해석할 수 있고, 저렇게도 해석할 수 있는 공간, 즉 여지'

라는 의미가 되는 것이죠. 그래서, leave room for sth 하면 '무언가에 대해 생각할 여지를 남겨둔'으로 해석할 수 있습니다.

따라서 기사에 나와 있는 "leaving a lot of room for interpretation"은 "해석을 다양하게 할 수 있는 여지가 크게 남아 있는 상태에서"로 번역하시면 됩니다.

1979년 이란 혁명이 일어난 후, 이란 사회의 분위기는 매우 엄격해졌고 1983년부터는 여성의 히잡 착용이 의무화되었습니다. 2006년부터는 도덕 경찰이 공공장소를 순찰하기 시작했죠. 이슬람 복장 규정에 대한 법을 시행하게 된 겁니다. 사실 샤리아 율법에는 남성과 여성 모두 수수한 옷차림을 해야 한다고 나와 있지만, 실질적으로 도덕 경찰은 여성만을 대상으로 순찰 활동을 해왔습니다. 하지만 명확한 지침이 공식적으로 내려진 것이 아니라서 객관적인 기준 없이 여성의 인권을 침해하고 있는 상황이죠. 보통 도덕 경찰의 기준에 못 미쳐 구금된 사람들은 히잡 착용법과 이슬람 가치에 대한 교육을 받아야 하고, 누군가가 그들에게 '적절한 옷'을 가져다주면 석방될 수 있습니다. 물론 '적절한'의 기준이 명확하지 않은 상태에서 말이죠.

이러한 상황에서 이란 여성들은 히잡을 마치 액세서리처럼 활용해 왔습니다. 이란 의회가 2018년에 발표한 내용에 따르면, 이란 여성의 60~70%가 공공장소에서 이슬람 복장 규정을 엄격하게 지키지 않는 것으로 나타났습니다.

마흐사 아미니의 사망으로 시작된 히잡 반대 시위는 오프라인에서 온라인으로 퍼졌고, 심지어 보수적인 일부 국회의원들까지 함께 목소리를 냈습니다. 도덕 경찰의 지나친 규제가 오히려 히잡과 이슬람교에 대한 부정적인 시각을 키웠다는 이유에서였습니다. 이러한 분위기 속에서, 이란 검찰 총장이 '도덕 경찰의 폐지 가능성'에 대해 언급했는데요. 사실 대부분의 외신은 반정부 여론을 잠재우기 위한 수법이었다고 분석하고 있습니다. 그 후, 이란 정부는 국영 방송을 통해 도덕 경찰이 폐지된다는 소문은 사실이 아니라고 발표했지만, 이란 내부에서도 "도덕 경찰이 과연 존재해야 하는가? 만약 반드시 존재해야 한다면, 적어도 활동의 범위와 방법에 대해서는 고찰이 필요하지 않을까?"라는 목소리가 높아지고 있습니다.

발칙한 한마디

"도덕 경찰은 과연 도덕적인가?"

여러분은 도덕 경찰이라는 이름에 대해 어떻게 생각하십니까? 이란에서는 페르시아어로 Gasht-e Ershad라 부르고, 이것을 영어로 번역한 것이 Morality Police(도덕 경찰)인데요. 우리말로 직역하면 '지도 순찰대' 정도가 됩니다. 이는 "이슬람 도덕의 존중을 보장한다."라는 목적으로 만들어진 특수 경찰이고, 구체적으로 하는 일은 '부적절한' 옷을 입은 사람들(실제로는 여성들)을 구금하고 교육하는 것입니다.

저는 이 이름이 지닌 모순에 대해 이야기해보려 합니다.

첫 번째, 이슬람 도덕의 존중을 보장한다는 것은 무엇을 의미할까요? 이슬람교, 특히 이란의 이슬람교는 유일신에 대한 개념이 매우 강합니다. 그 예로, 이슬람교 경전에는 다른 종교로 개종하는 사람에 대한 살해와 박해가 가능하다는 내용이 실려있는데요. 실제로 집행되는 경우도 꽤 많습니다. 또한, 기독교가 인간에게는 원죄가 있다고 믿고, 선행이 아니라 믿음으로 구원받는다는 신념을 지닌 것과는 달리, 이슬람교에서는 "인간에겐 원죄가 없고, 선행을 통해 알라를 만난다."라고 말합니다. 간단하게 정리하면, 이슬람 교인들은 절대로 다른 신을 믿어서는 안 되고, 살면서 선행을 실천해야 한다는 것이죠. 이슬람 경전에 실린 여러 가지 교리 중에 가장 큰 부분을 차지하는 것이 '유일신 숭배'와 '선행 실천'인 것입니다. 그런데 이를 보장하는 것이 목표인 도덕 경찰이 하는 일이 여성의 복장을 규제하는 것이라면, 이슬람 도덕의 존중이라는 개념이 너무 편협하게 해석되고 있는 게 아닐까요?

'적절'과 '부적절' 사이

두 번째, 도덕 경찰이 주장하는 '도덕적이지 않은', '부적절한' 옷의 정확한 기준이 존재하지 않습니다. 도대체 어떤 근거로 불특정 다수의 여성을 구금할 수 있다는 걸까요? 1967년, 가수 윤복희 씨가 한국에서 미니스커트를 처음 입었다고 하죠. 이후 80년대 초반까지 우리나라에서는 미니스커트 관련 규제가 시행됐습니다. 당시 경찰은 자를 들고 다시면서 미니스커트 입은 여성들을 단속했고, 그 기준은 무릎 위 20cm였습니다. 동시에 장발을 한 남성들을 대상으로 한 단속도 시행됐는데, 여성인지 남성

인지 구분이 안 되는 긴 머리를 했거나 뒷머리가 옷깃을 덮는 경우, 파마를 한 경우에 단속 대상이 됐습니다. 당시 젊은이들의 반발도 심했고, 인간의 자율성을 저해한다는 의견이 사회적 공감대를 얻으면서 미니스커트와 장발 관련 규제는 폐지됐습니다. 겨우 40~50년 전인데 대한민국 사회에서 이러한 일이 벌어졌다는 게 믿기 힘들 정도죠. 당시 단속의 대상이었던 저희 어머니도 사생활 침해를 넘어서 상식적으로 이해가 안 되는 시절이었다고 추억하십니다. 하지만 적어도 당시 대한민국엔 '기준'이 있었습니다. 그 기준이 상식적이냐 상식적이지 않냐를 따지기 전에, 우선 기준이라는 게 존재했다는 게 중요합니다. 하지만 이란의 도덕 경찰에겐 그 기준조차 존재하지 않습니다.

　도덕 경찰이 거리를 순찰할 때, 다양한 형태의 히잡을 착용한 여성들을 만날 겁니다. 어떤 여성은 히잡으로 뒷머리만 가리고 앞머리는 보이는 상태로 길을 거닐 수도 있고, 또 다른 여성은 히잡을 스카프처럼 착용하고 있을 수도 있습니다. 이 둘 중에 누가 도덕 경찰에게 구금될까요? 정답은 "모른다."입니다. 아무도 잡혀가지 않을 수도 있고, 둘 다 잡혀갈 수도 있고, 둘 중 한 명만 잡혀갈 수도 있습니다. 심지어 어제는 구금된 여성이 내일은 구금되지 않을 수도 있습니다. 수많은 도덕 경찰이 매번 같다고 보장할 수도 없는 각자의 기준으로 구금 대상을 정하기 때문입니다. 이렇게 확실한 근거 없이 구금된 22살의 아미니는 근거도 없이 죽임을 당했습니다. 과연 누가 '도덕적이지 않은', '부적절한' 행동을 한 걸까요?

"알라에게 묻고 싶습니다."

도덕 경찰은 선행을 실천하고 있나요? 이들은 천국에서 당신을 만날 수 있나요? 적어도 제가 아는 신은 아미니의 억울한 죽음은 선행이 아니라고 말할 것 같습니다. 저에게는 Morality Police(도덕 경찰)가 lack of morality(도덕성 결여)의 상징으로 여겨지는데, 여러분은 어떻게 생각하십니까? 도덕 경찰은 과연 도덕적입니까?

02

아프가니스탄에서
여자로 산다는 건

"탈레반은 미래를 향한
유일한 길을 망가뜨렸어요."

BBC   2022. 12. 20.

Afghanistan: Taliban ban women from universities amid condemnation

아프가니스탄: 탈레반, 비난 속에 여성의 대학 진학 금지.

BBC

2022. 12. 26.

They have destroyed the only bridge that could connect me with my future -Kabul University female student

그들은 나와 내 미래를 연결해주는 단 하나의 다리를 파괴했어요.
-카불 대학 여학생

CNN

2022. 12. 26.

Three foreign aid groups suspend work in Afghanistan after Taliban bars female employees

탈레반이 여성들의 비정부기구 활동을 금지한 후, 국제 구호 단체 세 곳이
아프가니스탄에서 업무를 중단했다.

United Nations

2022. 12. 21.

"I am deeply shocked by reports that the Taliban have suspended women and girls' access to universities." -Antonio Guterres, United Nations Secretary-General

나는 탈레반이 여성과 소녀들의 대학 교육을 중단시켰다는 보도에 깊은 충
격을 받았다. -안토니우 구테흐스 UN 사무총장

Without Women, Afghanistan Has No Future

The Taliban takeover of Afghanistan in August 2021 turned back time on the progress achieved over the last twenty years and ultimately resulted in women and girls being effectively removed from the Afghani Public life. While initially, the Taliban promised that women would be able to "exercise their rights within Sharia law", including being able to work and study, these promises were merely empty words.

여성 없이 아프가니스탄에 미래는 없다.

2021년 8월 탈레반의 아프가니스탄 재집권은 20년 동안 진전을 이뤘던 아프가니스탄 사회의 시간을 과거로 되돌렸다. 궁극적으로, 여성과 소녀들이 사회생활에서 사실상 제거되는 결과를 낳은 것이다. 처음에 탈레반은 여성들이 일하고 공부할 수 있는 것을 포함해 "샤리아 율법 안에서 그들의 권리를 행사할 수 있을 것"이라고 약속했다. 하지만, 그 약속은 그저 빈말에 불과했다.

───── 왜 이 영단어를 썼을까? ─────

"exercise"

exercise 하면 '운동. 운동하다'라는 뜻이 가장 먼저 떠오르시죠? 물론 그런 뜻으로 가장 많이 쓰이지만 '권리나 역량을 행사하다. 발휘하다'라는 의미로도 쓰입니다. 탈레반이 아프가니스탄을 재집권했을 때, 최고 지도자는 인터뷰를 통해 이런 얘기를 했어요. "샤리아 율법 안에서 여성들은 그들의 권리를 행사할 수 있을 것이다." 외신들은 이 인터뷰를 이렇게 번역했습니다. "Women would be able to exercise their rights within Sharia law." '권리를 행사하다'라는 의미로 exercise라는 동사를 쓴 겁니다. 물론 have their rights 해서 '권리를 지니다.'로 쓸 수도 있지만, 탈레반은 자신들이 아프가니스탄을 집권해도 여성들이 공부도 할 수 있고, 일도 할 수 있을 것이라는 구체적인 예시를 들었거든요. 그래서 외신들은 "탈레반은 여성들이 권리를 지니는 것을 넘어서 실제로 그 권리를 누리고 행사할 수 있다는 약속을 했다."라는 의미로 exercise를 쓴 겁니다. 하지만 실제로는 그렇지 못했죠.

예문: "People are able to exercise their rights to vote in a democracy."
　　　민주주의 국가에서는 국민들이 투표권을 행사할 수 있다.

배경 설명

아프가니스탄의 탈레반 정부가 여성들의 대학 교육을 금지했습니다. 2021년, 탈레반이 재집권한 이후 대학들은 남성과 여성의 교실을 분리하기 시작했고, 여성들은 여자 교수에게만 교육받을 수 있게 제도가 바뀌고 있었습니다. 2022년 가을에는 여학생들이 종교 교육 이외의 정규 교육을 받고 싶다며 거리로 나와 시위를 벌이기도 했는데요. 결국 2022년 12월 20일, 탈레반이 여성들은 대학 교육을 받을 수 없다고 발표했고 즉시 실행에 옮긴 것입니다. 이후 탈레반은 추가 명령을 내렸습니다. 국내외 비정부기구에서 여성들이 활동하는 것까지 금지한 것입니다. 탈레반은 이 이유에 대해서 "구호 단체에서 일하는 여성들이 히잡 착용에 대한 샤리아 율법을 지키지 않았다는 신고가 접수됐기 때문에 활동을 중지시키는 것"이라고 설명했습니다. 이에, 국제 사회는 탈레반을 강하게 비판했죠. 특히 안토니우 구테흐스 UN 사무총장은 바로 다음 날 공개적으로 의견을 밝혔는데요, "큰 충격을 받았다."라는 표현을 썼습니다.

국제 시사 상식

"탈레반은 누구인가?"

도대체 탈레반은 왜 이런 행동을 하는 건지 궁금하시죠? 탈레반이 어떤 조직인지부터 알아봅시다.

The Wall Street Journal   2021. 9. 27.

Who are the Taliban?

The Taliban, a word that means "students," were founded in southern Afghanistan by Mullah Mohammad Omar, a one-eyed Islamic cleric who became a mujahedeen commander during the war against the Soviet-backed regime in the 1980s. In 1994, Mullah Omar formed the group in Kandahar with about 50 followers, most of them also clerics or students of Islam from the country's southern Pashtun heartland.

탈레반은 누구인가?

탈레반이라는 말은 학생을 의미한다. 탈레반은 1980년대 당시 소련의 지원을 받는 정권에 맞섰던 전쟁 중에 사령관이 된 이슬람 성직자 물라 모하마드 오마르가 아프가니스탄 남부에서 설립했다. 1994년, 물라 오마르는 칸다하르에서 약 50명의 추종자들과 함께 이 조직을 결성했는데, 이들 대부분은 남부 파슈툰 중심지에서 온 성직자 또는 이슬람교 학생들이었다.

탈레반은 1994년, 아프가니스탄에서 결성된 수니파 조직입니다. 1996년부터 2001년까지 아프가니스탄을 지배했는데요. 처음부터 "이슬람 이상 국가를 건설하겠다."라는 목표로 탄생한 조직인 데다가, 샤리아 율법을 지나치게 보수적으로 해석하기 때문에 여성과 아동에 대한 인권 침해를 당연하게 여기면서 아프가니스탄을 지배한 것으로 알려져 있습니다.

그 예를 간략하게 설명해 드릴게요.

첫 번째, 탈레반 정권 아래에서 아프가니스탄 여성들은 히잡도 차도르도 아닌 부르카를 착용해야만 합니다. 부르카는 여성의 머리부터 발목까지 전신을 가리는 푸른색 의상인데요. 눈 부분까지 망사 형태로 되어있어서, 부르카를 착용하면 시야 확보에 어려움을 겪게 됩니다. 옆부분은 거의 보이지 않는다고 하죠. 그리고 부르카를 입고 있는 여성이 누구인지 신원 확인이 불가능합니다. 코란에 "외적인 아름다움을 드러내지 마라."라고 나와 있는 부분을 극단적으로 해석하고, 여성에게만 적용한 비상식적인 사례라고 할 수 있습니다. 2021년에 탈레반이 다시 아프가니스탄의 정권을 잡으면서 여성들의 부르카 착용도 다시 의무화됐는데, 이에 일부 여성들은 부르카 반대 시위를 벌이기도 했습니다. 2022년 5월 11일, 10여 명의 여성들이 얼굴을 드러낸 상태로 "부르카는 우리의 전통 의상이 아니다."라며 복장의 자유를 호소했습니다. 안타깝게도 이 시위는 탈레반의 저지로 바로 중단되었는데요. 탈레반의 최고 지도자인 히바툴라 아쿤드자다는 "샤리아 율법에 따르는 것이다. 여성은 눈을 제외한 얼굴을 가려야한다. 또한, 여성은 특별한 용건이 없는 한 집에 머무는 것이 낫다.”라고 말했습니다.

"Where is my name?"

두 번째, 아프가니스탄에서 여성들은 공적인 자리에서 자신의 이름을 사용할 수 없습니다. '낯선 남자'에게 공개하면 안 되기 때문이죠. 2020년 7월 24일, BBC는 "아프가니스탄 여성들이 자신의 이름을 찾기 위해 온라인 캠페인을 벌이고 있다."라는 기사를 게재했습니다. 당시 '라비아'라는 여성은 병원에서 코로나19 확진 판정을 받고 남편에게 처방전을 보여줬다가 폭행을 당했습니다. '낯선 남자'인 의사에게 이름을 보여줬다는 이유에서였습니다. 아프가니스탄에서는 여성의 이름을 사회에 공개하는 것이 그 가족을 모욕하는 행위로 간주되기 때문입니다. 2020년은 탈레반이 아프가니스탄을 다시 장악하기 전인데도, 2001년까지의 사회 분위기가 그대로 남아 있었다는 것을 알 수 있습니다. 심지어 출생신고서에도 엄마의 이름을 적을 수 없습니다. 가족 구성원 중에서 연장자인 남성의 이름을 쓰고, 그 남성의 엄마, 아내, 또는 딸로만 표기할 수 있습니다. 남성의 이름 없이는 자신의 존재를 설명할 수 없는 것이죠. 우리가 당연하게 누리는 권리, 내 이름을 가질 권리조차 누릴 수 없는 것이 아프가니스탄 여성의 현실입니다. 이 운동 이후, 아프가니스탄 정부는 공식 문서에 여성의 이름을 기재할 수 있게 허가했습니다. 하지만 여전히 보편적으로는 적용되지 않고 있는 상황입니다.

사실 이슬람 국가에서 극단적인 성격을 지닌 조직은 워낙 많기 때문에, 탈레반이 처음부터 이슈의 중심에 있진 않았습니다. 하지만 2001년 911테러 이후, 탈레반을 향해 세계의 이목이 집중됐습니다. 911 테러의 배후자로 알려진 알카에다의 오사마 빈 라덴에 대한 미국의 신병 인도 요구를 탈레반이 거부했기 때문입니다. 이로 인해, 그해 11월 탈레반은 붕괴되었습니다. 덕분에, 그 후 20년 동안 아프가니스탄의 상황은 그 전보다 훨씬 자유로웠습니다. 하지만 2021년 8월, 20년 만에 탈레반이 아프가니스탄을 다시 장악하면서 상황은 최악으로 치달았습니다. 재집권 당시 탈레반의 최고 지도자는 "여성들이 샤리아 율법 안에서 그들의 권리를 행사할 수 있도록 하겠다. 일도 하고 공부도 할 수 있을 것이다."라고 발표했지만, 탈레반은 결국 그 약속을 지키지 않았습니다. 사실 처음부터 '샤리아 율법 안에서'라는 부분이 그들의 횡포를 합리화하는 구실이 될 거라는 분석이 나왔었죠.

발칙한 한마디

"모든 남성은 잠재적 성범죄자입니까?"

아프가니스탄 여성들이 부르카로 전신을 가려야 하는 이유, 대학 공부를 할 수 없는 이유, 비정부기구에서 일할 수 없는 이유, 공식적인 자리에서 자신의 이름을 사용할 수 없는 이유는 모두 이것을 근거로 하고 있습니다. 바로 '샤리아 율법'입니다. 샤리아 율법의 근간이 되는 것이 '코란'이라는 성서인데 코란 24장 31절에 나온 내용을 짚어 보려 합니다. 우리말로 번역하면 "여성은 유혹하는 어떠한 것도 보여서는 안 된다. 즉, 가슴을 가리는 수건을 써서 그(남편)의 부모와 자신의 부모, 자식과 형제, 형제의 자식, 고용한 하녀, 성욕을 갖지 못하는 하인, 성에 대해 부끄러움을 모르는 어린이 이외의 자에게는 아름다움을 드러내지 않도록 하라." 정도가 됩니다. 이 구절을 근거로 탈레반은 여성이 전신을 부르카로 가려야 한다고 주장하고 있습니다. 이번 대학 교육 금지와 비정부기구 활동 금지의 이유 중 하나도 "부르카를 제대로 착용하지 않았다는 신고가 들어왔기 때문에" 였습니다. 대학 교육을 전면 금지하기 몇 달 전, 여성은 공학과 경제학, 언론학을 전공할 수 없다고 발표할 땐, "여성이 이러한 분야를 공부하는 것은 너무 어렵다. 아이를 더 잘 키우는 법을 배워야 한다."라는 이유를 들기도 했죠.

캐나다 이슬람 정보 센터 대표인 샤비르 알리(Shabir Ally) 박사는 "코란 24장 31절에는 여성이 어느 부분을 가리고 어느 부분을 드러낼 수 있는지 명확한 경계가 제시돼 있지 않다. 다양한 해석이 나올 수 있다."라고 말했습니다. 이란의 도덕 경찰이 "의상이 적절하지 않다."라며 여성들을 구금하는 것도, 아프가니스탄의 탈레반이 "부르카를 제대로 착용하지 않은 여성들이 사회에 악영향을 끼친다."라고 얘기하는 것도 사실상 명확한 근거가 없는 것입니다.

여성의 '적절한' 복장에 대해 명확한 기준이 있는가 없는가를 고민하기 전에, 코란 24장 31절에 나온 내용을 바탕으로 "왜 여성은 옷을 입을 때 제한을 받아야 하는가?"라는 근본적인 질문부터 던져보죠. 코란 24장 31절의 첫 부분, "유혹하는 어떠한 것도 보여서는 안 된다."라는 구절에 대해 여러분은 어떻게 생각하십니까? 여성의 신체는 누군가를 유혹하기 위한 건가요? 아무 행동을 하지 않아도, 여성의 머리카락은 남성을 유혹하는 도구가 되는 겁니까? "성에 대해 부끄러움을 모르는 어린이 이외의 자에게"라는 부분은 어떻게 보이십니까? 성에 대해 부끄러움을 아는 사람들에게는 유혹의 도구인 여성의 신체를 보이지 말라는 건데, 그렇다면 이 구절에 제시되지 않은 사람들은 잠재적 성범죄자라는 걸까요? 코란을 보수적으로 해석하는 이슬람 국가들은 여성이 히잡이나 부르카로 얼굴과 머리카락을 가려야 한다고 강요하는 이유에 대해 "그래야 남성에게 성폭행당하지 않기 때문"이라고 설명하고 있습니다. 결국, 모든 남성을 잠재적 성범죄자라고 단정 짓는 걸까요? 심지어 이에 대한 사회적 합의가 이뤄진 상황이라는 건가요? 마지막으로, "아름다움을 드러내지 마라." 이 부분은 어떻습니까? 모든 남성을 잠재적 성범죄자로 해석하는 것도 상식적으로 이해할 수 없지만, 만약 이 논리를 주장한다면 여성이 아름다움을 드러내지 않을 게 아니라 성범죄자의 눈을 가려야 하는 것 아닐까요? 왜 잠재적 가해자를 자극하지 않기 위해서 잠재적 피해자가 자유를 억압당해야 합니까? 여러분은 이 구절에 대해 어떻게 생각하십니까?

"They're just brainwashed."
그녀들은 세뇌당했습니다.

아프가니스탄 여성들이 자신의 이름을 찾기 위해 목소리를 냈던 2020년, 이 이슈를 다룬 BBC 뉴스의 마지막 부분을 잊을 수가 없습니다. "They're just brainwashed."(그녀들은 세뇌당했습니다.)라고 말했던 기자의 목소리에서 분노와 슬픔이 함께 느껴

졌기 때문입니다. "우리의 이름은 대체 어디에 있나요?"라는 물음을 세상에 던지며, 온라인과 오프라인으로 사회 운동을 이끌었던 그녀들은 문제의 심각성을 인지하고 있는 극소수의 여성들이었습니다. 대부분의 아프가니스탄 여성은 자신이 인간의 기본권리조차 누리지 못하고, 남성의 사유 재산처럼 여겨지는 사회 분위기에 반감을 갖지조차 못합니다. 어릴 때부터 코란 교육만을 받으며 자연스럽게 세뇌당했기 때문이죠. 왜 공식적인 이름을 갖는 게 가족을 모욕하는 일이라는 건지, 왜 머리카락과 피부를 드러내는 게 사회에 악영향을 끼치는 일이라는 건지, 공학이든 언론학이든 내가 공부하고 싶은 학문을 공부하는 게 왜 죄인지 대부분의 아프가니스탄 여성은 문제라고 인지하지 못합니다. 심지어 부르카로 전신을 가려야만 '안전하다.'고 느낀다는 여성들도 많습니다. "히잡을 써야 날 안전하게 지킬 수 있어요. 하지만 앞머리 일부와 눈은 가리고 싶지 않아요."라고 말하는 여성들이 "우리의 복장을 제한하는 것 차제에 문제가 있습니다."라고 말하는 여성들보다 훨씬 많은 겁니다. 그렇다면, 그녀들을 구할 수 있는 최선의 방법은 무엇일까요? 저는 '교육'이라고 말하고 싶습니다.

"Everyone has the right to education."
그녀들이 오늘도 외치는 한마디

Girl Effect(소녀 효과)라는 말이 있습니다. 2009년 다보스포럼에서 처음 제시된 용어인데요. 소녀들이 제대로 된 정규 교육을 받으면 빈곤을 극복하고 사회에 긍정적인 영향을 끼친다는 의미를 지닌 말입니다. 소녀들의 중등학교 졸업률이 10% 증가하면, 경제가 3% 증가한다는 연구 결과도 나와 있을 정도로, 세계 경제학자들은 소녀 효과가 사회에 미치는 긍정적인 영향에 대해 자신 있게 주장하고 있습니다.

꺼내고 싶지 않지만 꺼내야 하는 이야기를 해보겠습니다. 아프리카의 빈민국들을 먼저 들여다보죠. 빈민국의 많은 10대 여자아이들은 학교에 가지 못하고 가족의 생계를 유지하기 위해 Child marriage(조혼)를 강요받거나, 성매매를 통해 경제 활동을 합니다. '아기 공장'에 팔려간 아이들도 많다고 하죠. 그렇게 10대에 아이를 낳고, 태어난 아이가 여자라면 엄마가 살아온 길을 그대로 밟게 됩니다. 에이즈로 고통받는 10대 여자아이들도 현저히 많습니다. 그 아이들은 정규 교육을 받지 못했기 때문에 다른 방식으로 경제 활동을 하는 것이 거의 불가능합니다. 악순환의 반복이죠. 아프가니스탄의 여자아이들은 어떨까요? 탈레반이 여성의 대학 교육을 금지하기 전부터, 정규 교육을 하는 학교에 다닐 수 있는 아이들은 이미 소수였습니다. 어릴 때부터 코란 교육만을 받으며 자신을 극단적인 차별 안에 가둔 아이들은 왜 교육을 받아야 하는지, 무엇이 잘못됐는지 인지조차 하지 못합니다. 집안에서 겨우 팔과 얼굴을 드러낼 수 있는 house dress(부르카와 같은 외출복과 달리 상대적으로 자유로운 복장)를 입을 수 있는 것에 만족하며, 남성의 허락을 받고 외출을 하죠. 소수의 교육 받은 여성들이 목숨을 걸고 자유를 외칠 때, "왜 저렇게까지 하지?" 하는 의문을 품을지도 모릅니다. 인권의 가치에 대해, 자신이 얼마나 소중한 인간인지에 대해 배우지 못했기 때문이죠.

언론학을 배워서 이 사회의 어두운 면을 세상에 알리고 싶지도, 건축학을 배워서 멋진 집을 짓고 싶지도, 외국어를 배워서 다른 나라에서 직업을 가져 보고 싶지도 않을 겁니다. 교육을 받아야 꿈을 꿀 수 있으니까요. 제가 그녀들의 꿈이 되어주고 싶다는 꿈을 꾸고 있는 것도 교육을 받았기 때문일 겁니다.

UN 세계인권선언 제26조의 내용을 곱씹어보고 싶습니다. "Everyone has the right to education." 모든 사람은 교육받을 권리를 지닌다.

2023. 2. Woon hyun

03

미국의 낙태권
폐지 논란

"미국 대법원, 49년 만에
'로 대 웨이드 판결' 뒤집어"

CNN   2022. 6. 25.

Supreme Court overturns Roe v. Wade

The Supreme Court overturned Roe v. Wade on Friday, holding that there is no longer a federal constitutional right to an abortion.

미 연방 대법원, 로 대 웨이드 판결 뒤집어

미 연방 대법원이 금요일, '로 대 웨이드' 판결을 뒤집었다. 이제 연방 헌법상 낙태에 대한 권리는 더 이상 없다고 판결한 것이다.

The Wall Street Journal

2022. 6. 25.

What Does Overturning Roe v. Wade Mean? What to Know About the Supreme Court Aborting Ruling

'로 대 웨이드 판결'을 뒤집은 것은 무엇을 의미하는가? 대법원의 낙태죄 판결에 대해 알아야 할 것들.

배경 설명

  미국 연방 대법원이 49년 만에, '로 대 웨이드' 판결을 뒤집었습니다. 이로써 낙태권을 인정할지 여부에 대한 결정권은 주 의회로 넘어가게 됐습니다. 즉, 법적으로 낙태를 금지할 수 있는 주가 생겨난 셈이죠.

CBS 뉴스 장면(출처: CBS 인스타그램 공식 계정)

  1973년 1월 22일과 2022년 6월 24일, 미국 대법원 앞에서 CBS 뉴스가 생방송으로 송출됐습니다. 같은 장소에서 같은 형태로 진행된 뉴스였지만 그 내용은 정반대였죠.

1973년 뉴스에서 앵커는 "역사적으로 상징적인 판결이 나왔습니다. 바로 낙태권이 합법화된 것입니다. 텍사스와 조지아를 포함한 대부분의 주에서 임신 6개월까지 (출산 3개월 이전 기간) 낙태할 수 있는 권리가 보장되는데, 이 결정권은 이제 정부가 아니라 여성 자신과 의사에게 있습니다."라고 말했습니다.

2022년 뉴스를 진행한 앵커는 "엄청난 결정을 내린 연방 대법원 앞에서 뉴스를 전해드립니다. 대법원이 '로 대 웨이드 판결'을 뒤집었습니다. 이로써 여성의 합법적인 낙태권은 더 이상 보장되지 않습니다."라고 말했습니다.

국제 시사 상식

"로 대 웨이드 판결이란?"

70년대 초까지 미국에서는 대부분의 주에서, 임신부의 생명에 위협을 받는 경우를 제외한 낙태가 불법이었습니다. 일명 '낙태죄'라는 게 존재했기 때문에, 낙태한 여성들은 법적으로 처벌을 받았습니다. 그러한 사회적 분위기 속에서 용기를 낸 여성이 있었습니다. 바로 텍사스에 살던 노마 맥코비인데요. 그녀는 1969년, 강간당해서 임신했다며 병원을 상대로 낙태 수술을 요청했습니다. 그런데 의사들은 "생명을 위협하는 상황이 아니고, 성폭행 사건에 대한 경찰 보고서가 없다."라며, 낙태 수술을 거부했습니다. 그래서 맥코비는 소송을 시작했고, 이때 '로'라는 가명을 사용했습니다. 이 사건의 판결을 내린 검사 이름은 '웨이드'였죠. 그래서 '로 대 웨이드 판결'이라 불리게 된 것입니다.

로는 1차, 2차 소송에서 패배했고, 항소를 반복하다 결국 연방 대법원까지 가게 됐는데요. 4년 만인 1973년 1월 22일, 결국 7:2로 '낙태 금지는 위헌'이라는 판결이 내려집니다. 미국 역사상 큰 의미를 지니는 판결이었습니다. 물론 무조건 낙태가 가능한 건 아니고, 조건이 있었죠. 미국 대법원이 공개한 당시 판결문에는 "임신한 여성은 출산 3개월 전까지는 (미국은 임신 기간을 9개월로 보기 때문에 임신 6개월까지로 이해하면 됩니다.) 어떠한 이유로든 자신이 임신 상태에서 벗어날 결정을 내릴 권리가 있다. 낙태 금지는 사생활의 헌법적 권리에 대한 침해이기 때문에 위헌이다."라는 내용이 담겨 있습니다.

여기서 잠깐! 한국의 상황은 어떨까요? 우리나라 헌법재판소도 2019년에 낙태죄는 '헌법 불합치'라고 결정해 발표했습니다. "태아의 생명보호라는 공익에 대해서만 일방적이고 절대적인 우위를 부여해서, 임신한 여성의 자기 결정권을 침해했다."라는 이유에서였죠. 자연인의 권리 능력은 '출생 시점부터' 발생하니까요.

그렇다면 도대체 왜 49년 만에 '로 대 웨이드 판결'이 뒤집힌 걸까요? 미국의 연방 대법관은 총 9명이고 종신 재임이 가능합니다. 그중 트럼프 전 대통령이 임명한 대법관은 3명이죠. 공교롭게도 이 3명이 모두 '판례 번복'에 투표했습니다. 그 과정에 대해 살짝 들여다보면, 공화당이 우세한 주에서는 트럼프 행정부 때부터 낙태 제한 관련 법을 제정하기 위해 노력해왔습니다. 미국 사회에서는 '낙태권' 관련 이슈가 역사적으로 대표적인 정치적 다툼의 소재가 되어왔기 때문입니다. 총기 규제 이슈처럼 말이죠. 사실 이렇게 인권과 직결돼있는 이슈는 정치적으로 해석하면 안 되는, 훨씬 더 중요한 가치에 근간을 둔 문제입니다. 하지만 씁쓸하게도 도덕과 인권은 뒷전이고 권력 다툼을 위한 도구로 이용되고 있는 상황입니다.

"대법원의 판결은 매우 잔인한 결정"
-조 바이든 미국 대통령

Reuters

2022. 6. 27.

Biden says 'cruel' Roe v. Wade decision dangerous to women

바이든, "로 대 웨이드 판결을 뒤집은 대법원의 판결은 여성을 위험하게 만드는 잔인한 결정이다."

CBS news

2022. 6. 27.

World leaders react to the U.S. Supreme Court's decision to overturn Roe v. Wade

- **United Nations:** UN Secretary General spokesperson Stephane Dujarric on Friday reiterated "It's also important to note that restricting access to abortion does not prevent people from seeking abortion; it only makes it more deadly."

- **France:** "Abortion is a fundamental right for all women." French President Emmanuel Marcron said, in a tweet translated to English. "It must be protected. I express my solidarity with the women whose freedoms are today challenged by the Supreme Court of the United States of America."

- **United Kingdom:** "Look, I'll be absolutely clear with everybody. This is not our court," U.K. Prime Minister Boris Johnson said "I've got to tell you, I think it's a big step backwards," he added.

- **Spain**: "We cannot take any rights for granted," Spanish Prime Minister Pedro Sanchez said, in a tweet translated to English. "Social achievements are always at risk of going backwards and their defense has to be our day to day. Women must be able to decide freely about their lives."

대법원의 '로 대 웨이드 판결' 번복에 대한 세계 지도자들의 반응

- UN 사무총장 대변인: "낙태에 대한 접근을 제한하는 것은 사람들이 낙태하려는 것을 막는 방법이 될 수 없습니다. 오히려 더 간절하게 만들 뿐이죠."

- 프랑스 마크롱 대통령: "낙태권은 모든 여성의 기본권입니다. 반드시 존중되어야 합니다. 저는 미국 대법원의 판결로 자유를 잃을 위기를 맞이한 여성들과 뜻을 함께할 것을 다짐합니다."

- 영국 보리스 존슨 총리: "여러분 앞에서 확실하게 말씀드립니다. 이는 영국에서는 결코 일어날 수 없는 일입니다. 이번 판결은 엄청난 퇴보라는 사실을 저는 꼭 짚고 싶습니다."

- 스페인 페드로 산체스 총리: "우리는 어떠한 권리도 당연하게 여길 수 없습니다. 우리가 성취해낸 사회적 업적은 언제든 퇴보할 수 있는 위험성을 지니기에, 우리는 매일 우리가 이뤄낸 것을 지키기 위해 노력해야 합니다. 여성은 그들의 삶에 대해 자유롭게 결정할 수 있어야 합니다."

──── 왜 이 영단어를 썼을까? ─

"take ~ for granted"

grant는 '승인하다. 허락하다. 인정하다'라는 의미를 지닌 동사입니다. granted는 '허락된. 허가된. 인정받은'으로 해석할 수 있겠죠?

그래서 take ~ for granted는 '~을 당연한 일로 여기다.'

'의문의 여지가 없다.' '쉽게 생각하다.'라는 의미가 됩니다. 그러니까 스페인 총리 페드로 산체스가 말한 "We cannot take any rights for granted."는 "우리는 어떠한 권리도 당연하게 여길 수 없다." 즉, 우리가 누리고 있는 권리가 얼마나 소중한 것인지, 그 권리를 지키기 위해 얼마나 노력해야 하는지를 강조한 표현이라고 볼 수 있습니다.

Nothing is taken for granted. 그 무엇도 당연하게 주어진 것은 없으니까요.

The Washington Post

2022. 6. 27.

Opinion/ The Supreme Court's radical abortion ruling begins a dangerous new era

대법원의 급진적 낙태죄 판결로 위험한 새 시대가 시작될 것.

배경 설명

국제 사회에서 이번 판결을 강하게 비판했고, 미국 국민의 최소 59%가 이 판결에 반대하고 있다는 조사 결과가 나왔습니다. 특히 워싱턴 포스트의 보도에 따르면, 심지어 공화당 의원 4명이 낙태권을 되돌리라는 서명을 이끌었다고 하죠. 50개 주 중에 절반 정도가 낙태권을 금지하게 된 상황에서, 이 문제는 그동안 민주당과 공화당 사이의 대표적인 정치적 이슈였기 때문에 분명 찬성하는 측도 있을 텐데요. 신기하게도 주요 외신들은 거의 다 비판적인 기조로 기사를 쏟아냈습니다. 그만큼 인간의 기본권을 건드리는 이슈에 대해서는 이견이 없다는 의미로 해석할 수 있겠죠. 특히, 낙태권을 금지하게 되면, 여성뿐 아니라 다양한 소수자들을 억압하는 또 다른 통제가 시작될 수 있다는 우려의 목소리도 높아지는 상황입니다.

발칙한 한마디

"아직 태어나지도 않은 아이의 인권이 먼저입니까?"

자연인의 권리 능력은 '출생 시점부터' 발생합니다. 인간으로서 당연히 가지는 기본적 권리인 '인권'이라는 개념은 누구에게든 '세상에 태어난 이후에' 적용된다는 것이죠. 출생 이전의 태아에게도 물론 생명권이 존재하지만, 적어도 자연인으로서의 권리는 존재하지 않습니다. 반면, 임신부는 이 세상에 태어나서 한 사회의 구성원으로서 살고 있는 인간이기에, 자연인의 권리 능력과 인권을 반드시 보장받아야 합니다. 따라서, 낙태권 관련 문제는 '여성의 권리' 이전에 '인간의 권리'에 대해 논해야 하는 이슈입니다. 남녀를 구분하거나, 엄마가 먼저냐 아이가 먼저냐를 논할 게 아니라, 인간의 기본 권리 보장에 대해 깊이 생각해야 하는 것이죠.

1948년 유엔에서 채택된 세계인권선언은 총 30조로 구성돼 있습니다. 이 중 제3조에는 "Everyone has the right to life, liberty and security of person."이라는 내용이 제시돼 있습니다. 즉, 모든 사람은 생명과 신체의 자유를 누리고 자신의 안전을 지킬 권리를 지닌다는 것입니다. 이 내용을 낙태권 이슈에 적용해 보면, 임신부는 어떠한 이유에서든 인권을 지닌 인간으로서 신체의 자유를 누릴 수 있어야 하고, 안전하게 자신의 몸을 보호할 수 있어야 합니다. 임신부가 자기 몸으로 출산하느냐 하지 않느냐에 대해 자유롭게 결정할 권리를 보장받아야 하는 것입니다. '낙태권'은 임신부가 '낙태를 선택할 수 있는 권리'입니다. 낙태권을 보장받는다는 것은 태아의 생명을 경시하거나 낙태를 조장하는 것이 아니라, 여성이 자신의 신체에 대해 자유롭게 결정을 내릴 수 있다는 의미로 해석해야 할 것입니다. 그 누구도 그 결정에 대해 긍정적이든 부정적이든 판단할 권리가 없고, 심지어 '불법이냐 합법이냐'를 판단할 권리는 더더욱 없는 것이죠. 다시 말해, 여성이 낙태권을 보장받는다는 것은 "태아의 생명권을 무시하고 마음껏 죽여도 된다."가 아니라, "낙태해라." 또는 "하지 말아라." 자체에 대해 논할 자격이 그 누구도 아닌 당사자, 임신한 여성 자신에게 있다는 것을 의미합니다.

"태아의 생명보호에만 우위를 부여하는 것은 여성의 자기 결정권 침해"

우리나라 헌법재판소도 지난 2019년, 낙태죄에 대해 '헌법 불합치' 결정을 내렸습니다. 헌법재판소는 "태아의 생명보호라는 공익에 대해서만 일방적이고 절대적인 우위를 부여해 임신한 여성의 자기 결정권을 침해했다."라고 헌법 불합치 결정 이유에 대해 발표했습니다. 태아의 발달 단계나 독자적 생존능력과 무관하게 임신 기간 전체를 통틀어 모든 낙태를 전면적으로 금지하는 것은 임신한 여성의 자기 결정권을 제한하는 것임과 동시에, 여성의 자기 결정권을 침해하는 위헌적인 규정이라는 것입니다. 또한, 헌법재판소는 "임신한 여성이 임신을 유지 또는 종결할 것인지 여부를 결정하는 것은 스스로 선택한 인생관과 사회관을 바탕으로 자신이 처한 신체적, 심리적, 사회적, 경제적 상황에 대한 깊은 고민을 한 결과를 반영하는 전인적 결정이다."라고 덧붙였습니다. 대한민국 민법 제3조에도 "사람은 생존하는 동안 권리와 의무의 주체가 된다."라는 내용이 제시돼 있습니다. 앞서 설명해 드린 세계인권선언 제3조와 일맥상통하는 내용이죠.

프라이버시권과 평등권, 동등권과 같은 '인간으로서의 권리'를 사회의 구성원이자 인간으로서 삶을 영위하고 있는 여성이 당연히 누려야 하지 않을까요? 최소한 출생 이전의 태아보다는 먼저 이 권리를 보장받아야 할 것입니다. 아직 세상에 태어나지 않은 뱃속의 생명체에게는 적어도 '인간으로서의 권리'는 존재하지 않으니까요. 여러분은 어떻게 생각하십니까?

우린 기후 변화의 지옥행 고속도로를 탔다

01

우리의 일상을 파고든
기후 위기

외신 기사로 읽는 국제 뉴스 ·····································

"영토의 3분의 1이
물에 잠긴 파키스탄"

The Guardian   2022. 7. 26.

Melting glacier in Alps shifts border
between Switzerland and Italy

알프스 빙하가 녹으면서 스위스와 이탈리아의 국경이 이동하고 있다.

The Washington Post

2022. 8. 14.

More dangerous heat waves are on the way

By mid-century, nearly two-thirds of Americans will experience perilous heat waves, with some regions in the South expected to endure more than 70 consecutive days over 100 degrees.

더 위험한 폭염 진행 중

이번 세기 중반까지 미국인의 3분의 2 정도가 위험한 폭염을 겪게 될 것이며, 남부 지역 일부에서는 화씨 100도가 넘는 폭염이 70일 동안 연속으로 이어질 것으로 예상된다.

NBC News

2022. 8. 14.

The U.S. could see a new 'extreme heat belt' by 2053

A new reports uses hyperlocal data and climate projections to show that cities as far north as Chicago could have many more days of extreme heat each year.

미국은 2053년 안에 극심한 열 벨트를 보게 될 것이다.

지역 밀착 데이터와 기후 예측 기능을 사용해 연구한 새로운 보고서가 발표됐다. 이 보고서는 시카고를 포함한 북부 도시들이 매년 더 오랫동안 극심한 더위를 겪을 수 있다는 것을 보여준다.

CNN 2022. 8. 28.

Hundreds of children among 1,000 people killed by Pakistan monsoon rains and floods

파키스탄 대홍수로 1천 명이 숨졌고, 수백 명의 어린이도 포함돼있다.

BBC 2022. 8. 29.

Pakistan floods: One third of country is under water -minister

파키스탄 대홍수로 영토 3분의 1이 물에 잠겼다.

UN news 2023. 1. 17.

Pakistan still an 'ongoing nightmare' for millions of children, following major flooding

파키스탄은 대홍수 이후, 수백만 명의 어린이들에게 여전히 악몽이 계속되고 있다.

배경 설명

2022년은 그 어느 해보다도 기후 위기를 일상에서 체감한 해였습니다. 제가 국제 뉴스를 방송에서 분석하고 보도한 지 오랜 시간이 흘렀는데, 이렇게 기후 위기에 대한 뉴스를 많이 전한 것은 2022년이 처음이었습니다.

먼저, 2022년 8월, 알프스의 빙하가 녹고 있다는 기사가 나왔습니다. 그럴 수 있다는 예측이 담긴 기사는 꽤 나왔었지만, 진행 중이라는 기사는 충격적이었습니다. 스위스와 이탈리아 국경 지역인 마터호른에서 알프스산맥의 빙하가 녹고 있다는 내용이었는데요. 이로 인해, 스위스의 상징과도 같은 여름 스키장 운영까지 중단됐습니다. 외신들은 이 사태를 '기후 위기' 때문이라고 분석했는데요. 2021년 말부터 2022년 초까지 스위스에 눈이 충분히 내리지 않았고, 기온이 평균보다 많이 올라갔기 때문이었습니다. 영국 일간지 가디언에서는 "이러한 흐름으로 가다 보면, 빙하가 붕괴할 가능성도 배제할 수 없다."라는 분석을 내놨습니다.

워싱턴 포스트는 30년 후 미국이 맞이할 위기에 대해 경고하는 칼럼을 실었습니다. 2053년 안에 미국에서 체감 온도 섭씨 50도가 넘는 엄청난 더위가 기승을 부릴 것이라는 예측이 담겨 있었는데요. NBC 뉴스도 "미국이 2053년 안에 극심한 열 벨트를 만나게 될 것"이라고 보도했습니다. 이 기사는 기후 위기를 연구하는 뉴욕의 비영리 단체가 발표한 보고서를 바탕으로 게재된 것이었습니다. 그 단체는 "2053년에 열지수 섭씨 51도를 넘는 극열 벨트가 형성될 것"이라는 보고서를 공개했는데요. 미국 기상청이 구분하는 4단계의 체감 온도 중에 가장 높은 단계인 '극도의 위험 단계'가 현실이 될 거라는 전망을 내놓은 것입니다. 만약 이 예측이 현실이 된다면, 일상생활을 하면서 열사병이나 경련을 경험할 수 있고, 심하면 사망에도 이를 수 있습니다. 이렇게 기후 위기는 더 이상 책이나 기사에만 존재하는 것이 아니라, 우리의 일상에 영향을 끼치는 현실이 되어버렸습니다.

2022년, 최악의 기후 위기를 직접 겪은 국가 중 하나가 바로 파키스탄이었습니다. 파키스탄을 강타한 장기간의 대홍수로 수많은 사람이 사망했는데요. 사망자 중 어린이도 다수 포함돼 있었습니다. 몇 주 동안이나 이어진 극심한 홍수 때문에 파키스탄에서는 최소 3천만 명 이상이 영향을 받았고, 파키스탄 재난 당국 관계자는 BBC 인터뷰에서 "성서에나 나올 법한 홍수"라는 말을 했습니다. 이렇게 안타까운 비극이 이어지던 8월 말, "파키스탄 영토의 3분의 1이 물에 잠겼다."라는 기사가 나왔습니다. 이 기사는 세계를 충격에 빠뜨렸습니다. 이로 인한 피해를 복구하는데 엄청난 시간과 돈이 필요하다는 의미를 내포하고 있었기 때문이죠. 어쩌면 원활한 복구가 불가능할 거라는 우려의 목소리도 높아졌습니다. 그리고 한 달 정도 후인 9월 말, 이로 인한 다양한 부작용에 대한 기사가 쏟아져나왔습니다. 그중 가장 심각한 것은 바로 수인성 질병 문제였죠. 파키스탄의 홍수 피해자들이 질병 때문에 엄청난 고통을 겪고 있다는 내용이었는데요. 임시 구호 시설에서 지내는 이재민들이 오염된 물에 그대로 노출돼 장염과 말라리아, 콜레라 같은 질병이 심각하게 퍼진 것입니다. 9월 말 당시 누적 환자 수가 270만 명을 넘었고, 출산을 앞둔 임신부도 7만 명이 넘었습니다. 2022년 여름 이후 파키스탄은 어떻게 되었을까요? 유엔은 파키스탄에서 대홍수가 일어난 이후, 악몽이 여전히 계속되고 있다고 보도했습니다. 특히 수많은 어린이와 여성에게 너무나 가혹한 상황이라는 내용이 담겨 있었습니다.

"ongoing"

유엔에서 파키스탄의 현재 상황에 대해 직접 보도한 기사를 보면, 'still ongoing nightmare'라는 표현이 나옵니다. 여기서 쓰인 ongoing은 '계속 진행 중인'이라는 뜻인데요. 여기에 '아직 해결되지 않은 미해결 상태인'이라는 의미까지 포함한 표현입니다. 그러니까 지난해 여름에 파키스탄을 강타한 대홍수로 인한 피해자들이 여전히 평범한 일상으로 돌아가지 못한 상황을 강조한 표현이라고 볼 수 있겠죠. 유엔 뉴스에서 보도한 내용에 따르면, 400만 명의 어린이들이 기근과 싸우고 있고, 600만 명의 어린이들은 면역 체계에 돌이킬 수 없는 손상을 일으킬 수 있는 상태에 빠져있다고 합니다. 또한, 파키스탄이 국제 사회를 대상으로 손실 복구 비용에 대한 보상을 요구했는데, 아직 이 부분에 대한 논의가 이뤄지고 있는 상황이기 때문에 말 그대로 unsolved '미해결 상태'라고 볼 수 있습니다.

여기서, 왜 한 나라에서 발생한 자연재해 문제를 자체적으로 해결하지 않고, 국제 사회를 대상으로 보상을 요구하는지 의문을 품으실 수 있는데요. 글로벌 탄소 프로젝트(GCP)에 따르면, 전 세계 온실가스 배출량의 약 25%를 미국이 차지하고 있고, 파키스탄은 약 0.4%만을 배출하고 있습니다. 급진적인 산업화를 이뤄낸 선진국들의 정책이 기후 변화에 큰 영향을 끼쳤다는 의미가 되겠죠. 그래서 개발도상국들은 그동안 기후 위기로 인한 자연재해로 피해를 입은 국가에 대한 보상 기금을 조성해야 한다고 주장해 왔습니다. 이에 COP27(제 27차 유엔기후변화협약 당사국총회)은 '손실과 피해'를 정식 의제에 포함해 구체적인 방안을 논의할 예정이라고 밝혔죠. 안토니우 구테흐스 유엔 사무총장도 파키스탄과 같은 개발도상국들이 기후 변화에 더욱 탄력적으로 대처할 수 있도록 도와야 한다고 강조했습니다.

02

UN 사무총장의
경고

외신 기사로 읽는 국제 뉴스

"공동 대응이냐 집단 자살이냐
그것이 문제로다."

CNBC

2022. 7. 18.

UN leader warns against climate 'collective suicide' as heat wave grips Europe

유엔 사무총장이 기후 변화에 대해 '집단 자살'이라고 경고했다.

Secretary-General's remarks to High-Level opening of COP27

COP27 고위급 개회식, 유엔 사무총장의 발언

배경 설명

　2022년 7월 17일부터 독일 베를린에서 기후 회담이 열렸습니다. 안토니우 구테흐스 유엔 사무총장이 개회선언을 통해 국제 사회에 강도 높은 경고를 했는데요. 바로 collective suicide '집단 자살'이라는 표현을 사용한 겁니다. 그는 "전 세계가 기후 위기에 다자 공동체로서 대응을 못 하고 있다. 공동 대응이냐 집단 자살이냐 둘 중 하나."라고 말했습니다. 또한 "국제 사회가 서로의 탓만 하며 책임을 다하지 않고 있다."라며 강한 어조로 협력의 중요성을 강조했습니다.

　2022년 11월에는 이스라엘에서 COP27이 열렸습니다. 이때도 안토니우 구테흐스 유엔 사무총장은 강한 메시지를 전했는데요. 그는 "우리는 가속페달을 밟은 채 기후 변화의 지옥행 고속도를 달리고 있다."라고 말했습니다. 이어서 "기후 위기에 대한 대응을 뒤로 미루는 것은 용납할 수 없다. 야망을 위한 인간의 활동이 기후 문제의 원인이기 때문에, 인간의 행동이 해결책이 되어야 한다."라고 덧붙였습니다. 특히, 그는 G20 국가들의 책임에 대해 강조했는데요. 세계 경제를 이끌어가고 있는 G20 국가들이 책임을 다하지 않으면 인류에게는 선택의 여지가 없다는 것입니다.

그는 "협력하느냐, 아니면 멸망하느냐의 문제다. 기후 연대 협약이냐 아니면 집단 자살이냐 둘 중 하나다."라는 다소 극단적인 표현을 쓰기도 했습니다. 2022년 한 해 동안, 유엔 사무총장이 공식적인 국제무대에서 '집단 자살'이라는 키워드를 두 번이나 꺼낸 것에는 큰 의미가 있습니다. 이제는 더 이상 물러설 곳이 없는 현실을 강조한 것이라 볼 수 있겠죠.

─ 왜 이 영단어를 썼을까? ─

"It is in our hands."

2022년 7월, 독일 베를린에서 열린 기후 회담에서 안토니우 구테흐스 유엔 사무총장은 "공동 대응이냐 집단 자살이냐 둘 중 하나다."라는 말을 했습니다. 그러면서 "It is in our hands."라는 말을 덧붙였는데요. 어떤 의미일까요? 직역했을 때 '우리의 손 위에 있다'는 말은, "그것은 우리 손에 달려 있다." 정도로 해석할 수 있습니다. 우리가 어떻게 행동하느냐에 따라 결과가 달라질 수 있다는 것이죠.

구테흐스 사무총장은 기후 변화에 대해 언제나 같은 입장을 고수해왔습니다. 인간의 야망 때문에 일어난 문제이고, 인간이 행동을 바꿔야 해결할 수 있다는 것입니다. 이날 개회선언을 하면서도 그는 G20을 중심으로 한 국제 사회가 함께 대응책을 마련해 당장 실천하지 않으면 다 함께 자살하는 것과 마찬가지라는 강한 메시지를 던졌습니다. '공동 대응' 즉, 행동해야 한다는 것이죠. 이 의미를 강조하기 위해 그는 "It is in our hands."라는 표현으로 개회사를 마무리했습니다.

"여성에게 더 가혹한 기후 위기"

기후 위기는 전 세계 모든 국가, 모든 종류의 생명체를 위기에 빠뜨리는 universal(보편적인) 이슈입니다. 하지만 동시에, 매우 particular(특정한) 이슈이기도 합니다. 기후 위기에 더 취약한 계층이 분명히 존재하기 때문입니다. 그 대표적인 예가 바로 성 역할이 명확하게 구분되어 있는 빈곤한 국가의 여성입니다.

'Gender, Climate and Security'(젠더, 기후와 안보)라는 보고서가 있습니다. 유엔환경계획(UNEP)과 유엔여성기구(UN Women), 유엔개발계획(UNDP), 유엔 정무평화구축국(UNDPPA)이 2020년에 함께 발표한 보고서인데요. 이 보고서의 내용을 살펴보면, 젠더와 기후, 안보가 얼마나 불가분하게 연결돼 있는지 알 수 있습니다.

그 이유를 알고 해결책을 찾기 위해, 먼저 젠더의 명확한 의미부터 정리해 보겠습니다. sex와 gender 모두 우리말로 번역하면 '성'입니다. sex는 생물학적인 성을 의미하는 반면, gender는 사회적인 성, 성 역할을 의미합니다. 속한 사회의 문화와 그 시기에 따라 달라질 수 있는 것입니다. 이 의미를 바탕으로 생각해 보면, 여성과 남성의 사회적 역할이 명확하게 구분된 사회일수록 젠더 문제가 더욱 심각해지겠죠?

그렇다면, 기후 위기와는 어떠한 직접적인 연관이 있는 건지 따져보겠습니다. 기후 변화의 영향을 가장 크게 받는 국가 중에서 젠더 이슈가 문제가 되는 국가를 떠올려보면 실제 문제를 파악할 수 있을 것입니다.

기후 변화 때문에 킬리만자로의 눈이 녹고 있다는 뉴스 접해보셨죠? 아프리카 탄자니아의 예를 들어보겠습니다. 탄자니아에서는 식수 문제가 매우 심각하고, 가정에서 이 문제를 해결해야 하는 책임자는 여성입니다. 탄자니아는 젠더에 의한 역할이 엄격하게 구분된 사회이기 때문이죠. 보통, 집에 있는 빗물 탱크에서는 깨끗한 식수를 얻을 수 없기 때문에, 여성이 우물을 찾아 걸어가게 되는데요. 기후 위기의 영향을 직접적으로 받는 탄자니아의 경우에는 이로 인해 환경이 매우 자주, 큰 범위로 달라지고 있습니다. 그래서 여성이 식수를 얻기 위해 움직이는 시간과 거리가 늘어났고, 그 과정에서 성폭행이나 폭력에 노출될 가능성이 커집니다. 만약, 기후 위기 때문에 가족이 원래 살던 집에서 살지 못하고 거처를 옮겨야 할 땐 상황이 더욱 심각해집니다. 가족이 해체되는 경우가 생기고, 남편의 부재 속에서 여성들은 더욱 쉽게 젠더 기반 폭력(Gender-based violence against women)의 대상이 되기 때문이죠.

기후 변화로 인해 극심한 홍수나 가뭄이 일어나는 이상 기후 상황에도 여성의 생존율은 남성에 비해 매우 낮습니다. 아프가니스탄의 예를 들어보죠. 아프가니스탄은 지난 2021년, 심각한 가뭄에 시달렸습니다. 국민의 3분의 1이 식량난을 겪는다는 보도가 쏟아져나왔죠. 장기간 가뭄이 이어지면서 더위도 극심해졌습니다. 그런데 이 극심한 가뭄으로 인해 생명의 위협을 겪은 여성이 남성에 비해 3배 이상이었던 것으로 추산됩니다. 그 이유는 무엇일까요? 아프가니스탄 여성들은 온몸을, 심지어 눈까지 다 가리는 부르카를 착용해야 합니다. 신체를 제대로 가리지 않으면 정부로부터 처벌받거나 가족 구성원 중 연상의 남성에게 폭행당하기도 합니다. 체감 온도 30도 이상의 무더위 속에서 머리끝부터 발끝까지 온몸을 두꺼운 천으로 덮고 살아야 하는 그녀들의 삶을 상상해 보십시오. 열사병과 경련은 그녀들의 비극적인 일상이 되었습니다. 또한, 아프가니스탄 여성들은 집안 남성의 허락 없이는 외출도 할 수 없습니다. 만약, 무더위로 인한 열사병으로 당장 병원에 가야 하는 경우에 남성 가족 구성원이 집에 없다면, 또는 그녀들의 외출을 허락하지 않는다면 아픈 여성은 어떻게 될까요? 기후 위기로 인한 여성의 생존율이 낮아지는 실례입니다.

기후 변화의 영향을 받는 빈곤 국가에서는 아이들, 특히 여자아이들을 학교에 보내는 것도 더욱 어려워집니다. 특히 사회에서 정해진 성 역할 때문에 기후 변화의 영향이 없을 때도 교육받기를 포기하고 가족의 생계유지를 위해 노동을 하던 10대 소녀들의 경우, 기후 위기 상황에서는 교육받을 권리를 누릴 가능성이 거의 사라집니다. 이집트의 예를 들어보겠습니다. 이집트 성인 여성의 3분의 1은 문맹으로 추산됩니다. 성인 남성의 문맹률이 15%인 것과 비교하면 불균형이 심각합니다. 이렇다 보니 여성의 고용 기회는 제한될 수밖에 없습니다. 그래서 50%에 가까운 여성들이 농사를 짓고 있지만, 모순되게도 토지를 소유한 여성은 극히 적습니다. 여성이 소유한 토지가 전체 토지의 5.2%밖에 되지 않는다고 하죠. 이러한 사실을 기반으로 생각해 보면, 여성은 자연스럽게 수입의 불안정과 재산 소유권의 제한을 겪게 됩니다. 여기에 기후 위기로 인한 환경 변화가 농업 생산성에 영향을 미치게 되면, 그 정도는 더욱 심각해집니다. 10대 소녀들이 교육을 받지 못하고, 불안정한 삶 속에서 아이를 낳으면 이 위기는 대물림되기까지 하겠죠. 여자아이들이 교육받을 권리를 보장받아야 하는 이유가 기후 위기 상황에서는 더욱 분명해집니다. 하지만 2019년, 유엔 안전보장이사회에서 열린 '국제평화안보에 대한 기후 관련 재해의 영향에 관한 토론'에서 거론된 내용을 살펴보면, 75개 회원국 중 5개국만 젠더 고려사항을 중요하게 인식한다고 합니다.

이제는 더 이상 이 문제를 간과해선 안 됩니다. 해결책을 찾으려면, 씁쓸하지만 현실을 인지하고 문제를 인정해야겠죠. 기후 위기는 모든 인류와 생명체에 악영향을 끼치는 universal 이슈인 동시에, 특정 누군가에게는 더욱 가혹한 particular 이슈입니다. 여러 연구 결과를 통해, 우리는 이 대상이 빈곤국의 여성이라는 사실을 알게 됐습니다. 이제는 적극적으로 해결해야 합니다. 인류의 생명을 위협하는 기후 위기의 공포 속에서, 이 이슈를 해결하지 않으면 인류의 절반이 생존권을 잃어버릴지 모릅니다.

뉴욕타임스 읽어주는 여자 / Headline 4. 우린 기후 변화의 지옥행 고속도로를 탔다

그녀는
포위됐다

영국의 최단기 총리,
리즈 트러스

"세 번째 여성 총리의 탄생"

The Wall Street Journal   2022. 9. 5.

Who Is Liz Truss, the Next U.K. Prime Minister?

The current foreign secretary grew up in the north of England to left-wing parents but has touted herself as the heir to Margaret Thatcher.

영국의 차기 총리 리즈 트러스는 누구인가?

현 외무장관은 영국 북부에서 좌파 부모 아래 자랐다. 하지만 그녀는 자신을 마거릿 대처의 후계자로 내세웠다.

Aljazeera

2022. 10. 3.

UK government makes tax cut U-turn after market turmoil

영국 정부가 시장 혼란 이후, 감세 정책을 뒤집고 유턴했다.

The New York Times

2022. 10. 4.

Britain's Economic Experiment Stumbles at the Start

영국의 경제 실험은 출발부터 휘청거린다.

배경 설명

리즈 트러스는 마거릿 대처, 테리사 메이에 이어 세 번째로 영국의 총리가 된 여성입니다. 미국이 40년 만에 최악의 인플레이션을 겪으며 '자이언트 스텝'을 단행한 2022년, 영국의 상황도 매우 좋지 않았습니다. 인플레이션이 극심해지면서 식료품의 가격이 몇 배로 뛰었고, 기본적인 삶조차 영위하기 힘든 상황이었죠. 그래서 영국 국민들은 해결사를 찾고 있었습니다.

그렇다면, 왜 당시 총리였던 보리스 존슨 말고 새로운 총리가 필요했던 걸까요? 보리스 존슨 전 총리는 코로나19로 봉쇄 중이던 2021년 6월 총리 관저에서 성대한 생일 파티를 열고, 크리스마스 연휴 때에도 방역 수칙을 어기고 파티를 열었다는 '파티 게이트' 때문에 온 국민의 비난을 받고 있었습니다. 존슨 전 총리를 향한 국민들의 신뢰는 매우 떨어졌고, 영국 사회는 그가 최악의 경제 문제를 해결할 만한 리더라 믿지 않았죠. 이러한 상황에서 리즈 트러스가 감세를 통한 경기 부양을 약속하면서 당원들의 인기를 얻었고, 그녀는 영국 역사에 남을 세 번째 여성 총리가 된 겁니다.

그런데 리즈 트러스 총리는 영국 역사에 다른 의미로 남게 되었습니다. 거우 44일 만에 사퇴한 최단기 총리가 되었기 때문이죠. 그 배경을 살펴봅시다. 리즈 트러스는 취임하자마자 소득세 최고 세율 45% 철폐를 추진하겠다고 밝혔습니다. 약 50년 만에 발표한 과감한 감세 정책이었고, 이 정책이 실현되면 우리 돈으로 약 72조 원의 세수가 줄어들게 되는 상황이었습니다. 워낙 공격적인 정책을 발표하다 보니 여기저기서 비난의 목소리가 나왔습니다. 과연 이 정도 규모를 정부가 메울 수 있는지에 대한 의문이 제기된 것입니다. 게다가 파운드화가 폭락하면서 금융 시장은 엄청난 혼란을 겪었습니다. 이에, 트러스 총리는 열흘 만에 이 정책을 철회하겠다고 밝혔습니다. 영국 사회는 그 전보다 더욱 심한 혼란에 빠졌고, 특히 뉴욕타임스는 그녀에 대해 "최악의 첫발을 뗐다."라며 강하게 비판했습니다.

"결국 quitter(포기하는 사람)가 된 리즈 트러스"

Politico   2002. 10. 4.

Liz Truss' reputation may never recover

리즈 트러스의 평판은 절대 회복되지 않을 것이다.

The Washington Post   2022. 10. 19.

A besieged Liz Truss faces Parliament as U.K. inflation passes 10%

영국의 물가 상승률이 10%를 넘으면서, 포위된 리즈 트러스는 의회와 맞서게 되었다.

배경 설명

　외신들은 마치 한마음 한뜻으로 공격 대상을 찾은 것처럼 리즈 트러스 총리를 비판하는 기사를 내놨습니다. 특히 폴리티코에서는 그녀의 평판이 절대 회복되지 않을 것이라고 단언했죠. 취임한 지 한 달밖에 안 된 신임 총리에게는 정말 가혹한 평가였습니다. 하지만 이 평가가 근거 없는 비난은 아니었습니다. 집권당 하원 의원들까지 그녀를 비판했기 때문입니다. 공포스러울 수 있는 이 흐름에 트러스 총리는 어떻게 대응했을까요? 그녀는 꽤 용감(?)해 보였습니다. 보수당 전당대회를 열고 "감세는 도덕적, 경제적으로 옳다. 최우선은 성장이다."라고 연설했죠. 감세를 통한 성장을 이끌겠다는 기조에는 변함이 없다는 것을 강조한 것입니다. 이후에도 그녀는 당당한 태도를 유지했습니다. "내가 실수한 건 맞지만 다 해결했다."라고 인터뷰하기도 했고, "나는 투사(fighter)이지 포기하는 사람(quitter)이 아니다."라며, 자신을 향한 비난을 이겨내겠다는 의지를 보이기도 했습니다. 하지만 결국은 사퇴를 결정하면서 최단기 영국 총리라는 오명을 쓰게 되었죠.

리즈 트러스가 총리직에서 물러난 후, 영국은 부지런히 새 총리를 맞이했습니다. 그 주인공은 바로 210년 만에 탄생한 최연소 총리, 42세의 리시 수낙입니다. 리시 수낙 신임 총리는 취임 연설에서 "리즈 트러스의 실수를 바로잡겠다."라고 했습니다. "성장 추구가 숭고한 목표이긴 하지만 트러스 전 총리는 몇 가지 실수를 저질렀다. 그것을 바로잡겠다."라며 의지를 보인 겁니다. 또한, 프랑스 마크롱 대통령과의 브로맨스가 기대된다는 기사들도 꽤 나왔습니다. 마크롱과 수낙이 둘 다 40대 초반의 젊은 리더이고, 상대적으로 '덜 이념적인 정치인'으로 알려져 있기 때문이죠. 특히 수낙 총리는 인도계 영국인으로서는 처음으로 총리가 된 사람이라 이슈가 되기도 했습니다. 하지만 실상을 들여다보면, 영국에서 태어나 옥스퍼드 대학교와 스탠퍼드 대학교를 졸업한, 한마디로 엘리트 코스를 밟은 '정통 영국인'이기 때문에 '인도계 첫 총리'라는 수식어는 어울리지 않는다는 분석도 있습니다.

"리즈 트러스는 누구일까요?"

영국 역사상 세 번째 여성 총리이자 최초의 40대 여성 총리인 리즈 트러스는 30대 중반부터 정치판에서 큰 역할을 해 온 화려한 경력의 소유자입니다. 1975년생으로, 최초의 70년대생 총리이기도 합니다. 총리가 되기 전까지 12년 동안 환경 장관과 교육 장관, 법무 장관, 외무 장관, 재무 차관까지 거쳤고, 자유주의 성향의 정치인으로 알려져 있습니다. 자유 시장 경제와 결이 맞지 않는다며 브렉시트를 반대했던 것으로도 유명하죠. 하지만 처음엔 강하게 반대했다가 갑자기 입장을 바꾸면서 브렉시트를 지지했는데, 이때 외신들은 그녀를 놀리는 듯한 기사를 쏟아냈습니다. 가디언(The Guardian)에서 그녀에게 'shapeshifter'라는 별명을 붙였던 것이 기억나는데요. '이랬다저랬다 하며, 입장을 가볍게 바꾸는 사람'이라는 의미입니다.

40대의 젊은 나이에 영국 역사상 세 번째 여성 총리가 된 리즈 트러스의 기사가 외신들을 도배했을 때, 그녀는 성공한 여성의 상징처럼 여겨졌습니다. 하지만 영국의 최단기 총리라는 오명을 쓰고 자리에서 물러나게 됐죠. 취임하자마자 비현실적이라 여겨질 정도의 과감한 감세 정책을 내놨고, 이로 인한 파장으로 44일 만에 퇴임을 선언한 것입니다. 취임하고, 정책을 발표했다 번복하고, 끝까지 총리직을 지키겠다는 의지를 보이다가 퇴임을 선언하고, 공식적으로 총리직에서 물러나기까지 걸린 시간은 단 50일이었습니다. 트러스 전 최단기 총리는 119일 만에 사퇴한 조지 캐닝 전 총리였는데, 트러스 총리가 이 기록을 깨버린 것이죠.

"besiege"

워싱턴 포스트 기사 제목에 "besieged 리즈 트러스"라는 표현이 나왔죠? besiege는 '포위하다. 에워싸다.'라는 뜻입니다. 보통, 누군가에게 잡혀가서 포위당한 상태일 때 사용하는 어휘입니다. 리즈 트러스는 국민과 의원들에게 비난받은 것이지 누군가에게 잡혀간 것은 아닌데 워싱턴 포스트는 왜 이 표현을 사용했을까요? 그것도 헤드라인 기사 제목에 과감하게 사용했다는 것에 의미가 있는데요. 당시 리즈 트러스가 감세 정책을 발표했을 때, 파운드화의 가치가 심하게 떨어지면서 국민들의 의심을 샀습니다. 또한, 집권당 의원들까지 트러스 총리를 비판했죠. 전반적인 분위기는 매우 부정적이었지만, 그래도 소수는 그녀를 향한 기대를 품고 있었습니다. 30대 중반부터 내각의 주요 요직을 거치고, 재무 차관까지 한 그녀가 보리스 존슨 전 총리보다는 믿을만하다는 의견도 있었기 때문입니다. 하지만 그녀가 열흘 만에 자신의 정책을 뒤집겠다고 발표한 후에는 사실상 아무도 그녀의 편에 서지 않는 듯 보였습니다. 그녀는 기댈 곳 하나 없이 고립된 상태, 그러니까 한마디로 '사면초가'의 상황에 빠졌던 것입니다. 이 상황을 워싱턴 포스트는 "포위된 리즈 트러스"라고 묘사한 것이죠. 한 국가의 총리에게 쉽게 쓰기는 힘든 표현인데, 당시 트러스 총리를 향한 비난이 얼마나 심했는가를 알 수 있습니다.

"The lady's not for turning."

리즈 트러스에게는 제2의 마거릿 대처라는 수식어가 따라다녔습니다. 어쩌면 그 수식어를 그녀 스스로 씌우고 싶었을지도 모르겠습니다. 그녀가 외무장관으로 재임할 당시, 마거릿 대처의 스타일링을 따라 한 것 같은 사진이 외신들의 헤드라인을 장식했었죠. 흰색 리본 블라우스에 어두운 색깔의 재킷을 입고 나타난 트러스의 모습은 정말 인상적이었습니다. 보자마자 마거릿 대처가 딱 떠올랐거든요. 그녀가 자신의 롤모델이 마거릿 대처라는 말을 자주 했다는 보도도 있었고, 반대로 "나는 나일 뿐, 대처를 롤모델로 삼지 않는다."라고 말했다는 보도도 있었습니다. 진실이 무엇인지는 알 수 없으나 두 여성이 긍정적으로든 부정적으로든 비교의 대상이 되었던 것은 사실입니다. 물론 둘의 공통점은 분명히 있습니다. 영국의 79대 총리 중 단 세 명만이 여성이었고, 마거릿 대처와 리즈 트러스가 그 셋 중 한 명이라는 사실 자체가 이미 닮은 점이죠. 둘 다 옥스퍼드 대학교를 졸업했고, 트러스가 중간에 방향을 바꾸기는 했지만 결국은 보수당원으로 활동한 점도 닮았습니다.

특히, 리즈 트러스가 취임하자마자 감세 정책을 발표한 후 주변의 극심한 반대에도 정책을 고수하겠다는 의지를 표명했을 때, 마거릿 대처를 상징하는 이 문장이 회자되기도 했습니다. "The lady's not for turning." (여인은 돌아가지 않습니다.) 1980년, 마거릿 대처의 경제 정책에 대한 비판이 거세졌을 때, 그녀가 정면 돌파하겠다고 선언했던 그 문장 말이죠. 영국의 대표였던 이 두 여인은 총리직에서 물러난 후에도 turn한 사람과 그렇지 않은 사람으로 비교당하고 있습니다.

"롤모델을 만들지 마세요."

독자 여러분께 이 이야기를 꼭 하고 싶습니다. 여러분, 롤모델을 만들지 마세요. 정확하게는, 단 한 명의 인물을 롤모델로 삼지 마십시오. 저는 10년 안에 유엔에서 국제 여성 인권에 대해 연설하겠다는 목표를 갖고 있습니다. 이러다 보니, 자연스럽게 롤모델을 찾게 되었습니다.

그 롤모델은 바로 아말 클루니(Amal Clooney). 국제 인권 변호사로 미국과 영국에서 활동하고 있는 여성입니다. 저는 그녀가 유엔에서 한 연설 동영상을 몇 번이나 돌려보고, 그녀가 어떻게 살아왔는지 찾아보며 '나도 이런 사람이 되어야겠다.' 마음먹었습니다. 그런데 이 한 명의 롤모델에게 집중하다 보니 부작용이 찾아왔습니다. 우선은 '나와 이 여성은 태생부터가 다르네.' 하는 생각을 하며 속된 말로 '현타'가 왔습니다. 레바논 출신인 그녀가 여성 인권에 대해 이야기할 때 대한민국 출신인 제가 할 때보다 훨씬 설득력이 있을 것이고, 남편이 조지 클루니인 그녀의 한마디가 저의 백 마디보다 훨씬 영향력이 있겠죠. 그리고 국제사회에서 가장 큰 무대인 미국과 영국에서 활동하는 그녀가 저와는 전혀 다른 출발점에 서 있는 것이 현실입니다. 이렇게 제 롤모델과 저를 비교하다 보니 자연스럽게 의욕이 떨어지고 '내 목표가 근거 없는 망상은 아닐까?' 하는 의심이 들기 시작했습니다.

제가 아말 클루니 전에 찾았던 롤모델은 가브리엘 샤넬

(Gabrielle Chanel)입니다. 세계 최초로 블랙 미니 드레스를 제작해, 여성의 움직임에 자유로움을 선사한 패션 디자이너인 그녀를 보면서 '나도 내 전문 분야에서 최선을 다해 활동하며 세상을 바꿔야겠다.' 마음먹었습니다. 그런데, 샤넬을 롤모델로 삼을 때 또 다른 부작용이 있었습니다. 그녀의 삶에서 어떤 부분은 도덕적으로 비판받을 만한 면이 있었는데, 저도 모르게 객관성을 잃고 '샤넬인데 뭐 어때. 더 큰 목표를 이뤄냈으니 이 정도는 봐주자.'라는 생각을 하게 되더라고요. 그저 제가 존경하고 닮고 싶은 롤모델이라는 이유만으로 저 자신을 그 사람이 이뤄낸 틀에 끼워맞추고, 평생 가지고 살던 명확한 철학의 색을 흐리면서도 괜찮다고 합리화하는 저 자신을 발견했습니다.

이렇게 단 한 명의 롤모델을 두고 닮아가려고 노력할 때, 우린 이러한 부작용을 만나게 됩니다. 리즈 트러스도 마거릿 대처라는 틀 안에 자신을 넣지 않았다면, 다른 방향으로 평가받지 않았을까요? 물론 극단적인 감세 정책을 발표하고 열흘 만에 번복한 것에 대해 신중하지 못하다고 비판받았을 것이고, 단기간 안에 총리직에서 물러난 사실은 변치 않았을지 모릅니다. 하지만 적어도 '역시 마거릿 대처 같은 여성은 한 세기에 또 나올 수 없어.'라고 비판받진 않았을 겁니다.

여러분, 롤모델이라는 틀 안에 자신을 가두지 마십시오. 롤모델은 필요 없으니 나만의 길만 고집하자는 게 아닙니다. 나보다 먼저 내가 꿈꾸는 길을 걸어간 사람의 삶을 보고, 닮고 싶은 포인트를 찾아내는 것은 꿈을 이루는데 매우 중요한 과정일 겁니다. 또한, 존경하는 누군가가 있다는 것도 참 행복한 일입니다. 하지만, 그 롤모델이 내 삶을 가두기 시작하는 순간 오히려 목표로부터 멀어질지도, 그 롤모델을 미워하게 될지도 모릅니다.

그렇다면, 나만의 삶을 마음껏 누리면서도 존경하는 사람이 먼저 간 방향을 따라갈 방법은 없을까요? 저는 여러 명의 롤모델을 마음에 품어보시기를 추천합니다. 저는 아말 클루니로부터 세상에 직접적인 메시지를 던지는 방법을, 가브리엘 샤넬로부터는 과감하게 도전하는 용기를 배우겠다고 다짐하면서 그녀들의 삶과 제 삶을 구분하게 되었습니다. 또한 앙겔라 메르켈로부터 자신이 맞다고 생각하는 것에 대해 굽히지 않는 패기를 배우고, 동시에 꼼꼼하게 대책을 세우지 않고 행동부터 하는 경솔함은 닮지 말아야겠다고 마음먹습니다. 이렇게 복수의 롤모델을 마음에 품고 비판적인 시각으로 그들의 앞선 발걸음을 수용할 수 있다면, 나만의 색깔을 지키면서 나에게 맞는 방향으로 걸어갈 수 있을 것입니다.

유럽 우파와
남미 좌파

01

이탈리아 총리,
멜로니

"조르자 멜로니,
제2의 무솔리니?"

BBC   2022. 9. 25.

Giorgia Meloni: Italy's far-right wins
election and vows to govern for all

이탈리아의 극우파 조르자 멜로니가 선거에서 승리해, 모두를 위한 정부가
되겠다고 약속했다.

Analysis: A Meloni election win could shift Europe's balance of power

멜로니의 승리가 유럽의 '힘의 균형'을 뒤집을 수도 있다.

Italy's Meloni tells Ukraine it can count on her

이탈리아의 멜로니가 우크라이나를 향해, 그녀에게 의지해도 된다고 말했다.

배경 설명

2022년 9월, 이탈리아에서 총선이 있었습니다. 그 결과는 예상과 달랐죠. 우파 연합이 40%가 넘는 득표를 얻었고, 극우파 정치인 조르자 멜로니가 이탈리아 역사상 최초의 여성 지도자가 된 것입니다. 사실 멜로니의 정당은 2018년 총선에서 겨우 4%의 지지를 얻었던 전력이 있습니다. 4년 만에 40%의 득표를 얻은 것은 거의 기적에 가까운 결과를 이끌어 낸 것이라 할 수 있죠. BBC는 이 이유에 대해, 2019년 10월에 있었던 멜로니의 연설 덕분이라고 분석했습니다. 당시 동성 육아를 반대하는 집회가 열렸는데, 그때 멜로니가 매우 강한 어조로 연설을 했고, 그 영상이 온라인에서 화제를 일으켰기 때문입니다. 동성 육아에 반대하는 목소리를 공개적으로 낼 수 있다는 것 자체에서 그녀의 극우적인 성향을 알 수 있는데요. 멜로니는 특히 '여자 무솔리니'라는 별명을 지니고 있습니다. 심지어 파시즘까지 반대하지 않는 모습을 보여왔기 때문에, 총선 결과를 두고 외신들은 우려 섞인 기사들을 쏟아냈죠. 멜로니는 자신이 무솔리니와 다르다는 것을 강조하기 위해 "러시아를 제재하는 서방국과 나토를 지지한다."라는 목소리를 내기도 했지만, 외신들은 그녀가 연기를 하고 있다며 비판적인 보도를 내놨습니다. 이러한 분위기에 대응하듯, 그녀는 트위터를 통해 우크라이나를 전폭적으로 지지한다는 메시지를 전했고, 전문가들은 멜로니 정권에 대한 긍정적인 기대감을 보이기도 했습니다. 그녀가 극우 포퓰리즘으로 정권을 잡았지만, 오히려 중립적인 태도를 보일 가능성도 있다는 분석이었죠. 이탈리아 국민들은 멜로니가 이끌어갈 새로운 사회에 대한 우려와 기대를 동시에 품고 있습니다.

국제 시사 상식

"무솔리니가 누구이기에?"

제2차 세계 대전의 배경을 설명할 때 빠지지 않는 인물, 바로 베니토 무솔리니입니다. 히틀러와도 연관이 있는 인물이죠. 베니토 무솔리니는 사회주의 사상(socialism)에 푹 빠져있던 이탈리아 사람입니다. 무솔리니는 스위스와 이탈리아를 오가며 사회주의 기자로도 활동하고 초등학교 교사로도 일하며, 전쟁에 반대하는 anti-war 사회주의 운동을 이끌었습니다. 워낙 연설을 잘해서 이탈리아 내에서 인기가 무척 많았다고 하죠. 1차 대전에 이탈리아가 참전하자 전쟁 반대 운동을 이끌었는데, '유럽 전체에 사회주의를 퍼뜨리려면 전쟁이 필요할 것'이라는 생각을 하면서, 갑자기 전쟁에 찬성하는 pro-war 운동가가 되어버립니다. 이렇게 갑자기 입장을 바꾸니까 사회주의 정당에서 그를 내쫓았고, 무솔리니는 반항심이 생겼죠. 마치 누군가의 팬이었다가 배신감을 느끼면 오히려 안티팬이 되는 것처럼, 무솔리니는 '사회주의? 그딴 거 이제 필요 없어. 과거의 로마제국처럼 이탈리아가 세계를 정복하려면 뭔가 새로운 게 필요해.'라고 생각하게 됩니다. 그래서, 현재의 파시즘을 일으킨 것입니다. 1차 대전 승전국이었던 이탈리아의 상황이 생각보다 좋지 않았거든요. 계획처럼 영토를 많이 차지하지 못했고, 경제 상황도 매우 안 좋았습니다. 그 와중에 이 상황을 바꿀 수 있다고 주장하는 무솔리니의 파시즘은 많은 지지를 얻을 수밖에 없었죠. 결국 1922년, 무솔리니가 이탈리아 왕을 찾아가 자신이 총리를 하겠다고 말했고, 당시 세력이 엄청났던 무솔리니는 이탈리아 독재 체제의 중심이 됩니다. 이것이 바로 본격적인 파시즘의 시작입니다. 독일의 히틀러가 무솔리니의 영향을 받았다고 볼 수 있을 텐데요. 제1차 세계 대전의 패전국이었고 베르사유 조약의 영향으로 상황이 매우 안 좋았던 독일은 뭔가 혁명적인 게 필요했고, 이때 나타난 히틀러가 영웅처럼 떠올랐습니다. 히틀러는 1차 대전에 참전했던 병사였고, 비정상적인 애국심을 가진 청년이었습니다. 히틀러의 영향력이 점점 커지자 1933년 대통령은 그를 수상으로 임명했습니다. 독일이 세계의 중심이 될 거라는 환상에 빠져있던 히틀러는 무솔리니처럼 독재 체제의 중심이 됐고, 유럽의 두 번째 파시스트 리더가 됩니다. 이렇게 베니토 무솔리니는 전쟁의 역사와 세계의 아폼에 대해 이야기 할 때 결코 빼놓을 수 없는 중요한 인물입니다. 그가 주창한 파시즘으로 인해 엄청난 인명 피해가 있었기 때문에, 그의 위험한 사상에 대해서도 깊이 생각해 볼 필요가 있죠.

"무솔리니와 나는 분명히 다르다."

ABC NEWS

2022. 10. 16.

With far-right leaders, Italy remembers WW II roundup of Jews

ROME—Italy's far-right political leadership marked the 79th anniversary of the World War II roundup of Rome's Jews on Sunday with calls for such horror to never occur again.

Meloni called it a "tragic, dark and incurable day for Rome and Italy," that ended with the "vile and inhuman deportation of Roman Jews at the hands of the Nazi-Fascist fury: women, men and children were snatched from life, house by house."

극우 성향의 이탈리아 지도자들은 2차 대전의 유대인 추방을 기억한다.

이탈리아의 새로운 우파 지도부는 제2차 세계 대전 당시 일어난 유대인 학살 79주년을 맞았다. 지난 일요일, 그들은 절대로 이러한 공포스러운 일이 다시는 일어나선 안 된다고 주장했다.

멜로니는 이 사건을 "로마와 이탈리아에게 비극적이고 어두운, 치유가 불가능한 날"이라고 말했고, 이어서 "나치-파시스트의 분노에 의해 로마 유대인들이 잔인하고 비인간적으로 추방됐다. 모든 집의 여성과 남성, 어린이들이 그들의 인생을 강제로 빼앗겼다."라고 덧붙였다.

"incurable"

조르자 멜로니 이탈리아 총리가 제2차 세계 대전 때 이탈리아에서 일어난 유대인 추방 사건에 대해 'incurable'이라고 표현했습니다. (그녀가 이탈리아어로 말한 것을 외신에서 영어로 번역한 어휘) cure가 '치료하다. 치유하다.'라는 뜻이니까 curable은 '치유할 수 있는'이 되고, incurable은 '치유할 수 없는. 회복 불능의'라는 뜻이 됩니다.

그날에 대해 "너무나 비극적인 날이었다." 정도로 말해도 될 텐데, 왜 "회복이 불가능한"이라는 강한 메시지를 던진 걸까요? 멜로니는 총리가 된 후 처음으로 맞이하는 유대인 추방의 날에 우파 지도자들과 모였습니다. 물론 그동안 다른 총리들도 이날에 대해 안타까운 심정을 토로했지만, 멜로니는 좀 더 강한 어조로 이 사건을 비판했습니다. 그녀는 "도저히 회복이 불가능할 정도로 비극적인 날이고, 이 증오와 차별의 기억에서 벗어나야 한다."라고 말했는데요. 자신이 대중으로부터 여자 무솔리니라 불리고 있다는 사실을 파악하고, "나는 무솔리니와 다르다."라는 것을 강조했다고 분석할 수 있습니다. 그녀가 우크라이나를 향해 직접 "나에게 의지하세요."라는 메시지를 던진 것과 같은 뉘앙스라고 할 수 있겠죠.

02

브라질 대선,
룰라의 승리

"브라질 대선, 팽팽한 결승전"

The Guardian(가디언)   2022. 10. 2.

Brazil election: ex-president Lula to face Bolsonaro in runoff

Brazilians will go to the polls again after former president won the first vote but failed to secure a majority over the incumbent.

브라질 대선: 룰라 전 대통령과 보우소나루가 결승전에서 팽팽하게 맞붙는다.

브라질 대선에서 전 대통령이 1차 투표에서 승리했지만, 당선에 필요한 과반수 확보에 실패함에 따라, 브라질 국민들은 다시 투표장으로 향한다.

CNBC

2022. 9. 14.

Bolsonaro has long embraced comparisons to Trump, being dubbed the "Trump of the Tropics" by the country's media. And it is thought he may now be drawing from the former U.S. president's playbook in seeking to call into question the democratic process.

보우소나루는 오랜 기간 언론에 의해 "열대 지역의 트럼프"라 불리며, 트럼프 전 미국 대통령과 비교당하는 것을 받아들여 왔다. 이제 그는 전 미국 대통령의 각본에 따라 민주적 절차 자체를 문제 삼을 것으로 보인다.

CNBC

2022. 9. 14.

A new pink tide?

Brazil's presidential elections come at a time when Latin America's new so-called "pink tide" appears to be gathering pace. Left-of-center candidates have won elections in Mexico, Argentina, Bolivia, Peru and Honduras in recent years, while leftist leader Gabriel Boric secured a historic victory in Chile last year.

새로운 핑크 타이드?

브라질의 대선은 라틴 아메리카의 새로운 흐름, 소위 '핑크 타이드(분홍 물결)'가 속도를 내고 있는 시기에 치러진다. 중도 좌파 후보들은 최근 멕시코, 아르헨티나, 볼리비아, 페루, 온두라스에서 승리를 거뒀고, 극좌파인 가브리엘 보리치도 이번 칠레 대선에서 역사적인 승리를 거뒀다.

배경 설명

2022년 10월 2일, 브라질의 대통령 선거가 열렸습니다. 이번 선거는 전 세계 언론들의 주목을 받았는데요. 그 이유는 '역사상 가장 극단적인 이념 대립'이라고 평가받은 선거였기 때문입니다.

브라질 대선은 1차 선거에서 과반을 차지하는 후보가 나와야 결과가 결정되는 방식인데, 좌파 성향의 전 대통령인 루이스 이나시우 룰라 후보가 48%를 득표했기 때문에, 2차 투표가 다시 열렸습니다. 이번 브라질 대선에서 박빙의 승부를 펼친 후보는 앞서 말씀드린 룰라 전 대통령과 자이르 보우소나루 당시 대통령이었는데요. 룰라는 좌파 성향, 보우소나루는 우파 성향을 대표하는 정치인이기 때문에 세계 언론들은 '극단적으로 이념이 대립하는 선거'라고 평가했습니다.

먼저 보우소나루 당시 대통령에 대해 알아보겠습니다. 그를 한마디로 표현할 수 있는 가장 적절한 말이 '남미의 트럼프'가 아닐까 싶습니다. 그는 오랜 기간, 이 별명으로 불릴 만큼 극단적인 우파 성향을 보여왔는데요. 예를 들어, "여성과 흑인은 국가 발전에 도움이 안 된다." 또는 "게이들은 맞아야 정신을 차린다."와 같은 막말을 공개적으로 했던 것으로 알려져 있습니다. 그는 2019년부터 2022년까지 브라질의 대통령이었고, 특히 극단적인 성차별 발언과 인종 차별 발언을 많이 했기 때문에, 대통령 임기 동안 그를 비판하는 기사가 주기적으로 쏟아져나왔던 것이 기억납니다. 2018년 브라질 대선에서 선거 운동을 하며, "브라질은 더 이상 왼쪽으로 가선 안 된다."라는 말을 했던 것만 봐도 얼마나 확실한 성향을 드러내는 인물인지 알 수가 있죠. 그래서 그는 엄청난 지지자와 반대파를 동시에 지녔던 대통령이었습니다. 이 점도 트럼프와 닮아있네요. 그는 임기 말, 2022년에 열리는 대선에 출마해서 재선에 성공하겠다는 의지를 다졌지만, 룰라 전 대통령이 부패 혐의에 대해 무죄 선고를 받으면서 분위기가 룰라 쪽으로 흘러갔습니다. 특히, 보우소나루는 우크라이나 전쟁이 발발했을 때 러시아에 대한 제재에 참여하기를 거부하면서 국제 사회로부터 비난을 받았죠. 이후 2022년 10월, 브라질 대선에서 룰라 전 대통령과 박빙의 승부를 펼쳤지만 결국 패배하고 말았습니다. 2023년 1월, 룰라 대통령이 취임한 이후 일어난 의회 폭동의 배후가 보우소나루라는 여론이 있었지만 그는 끝까지 부인했습니다.

이번에는 2022년 브라질 대선에 성공한 룰라 대통령에 대해서도 알아보겠습니다. 그는 2003년부터 2010년까지 브라질을 통치했던 35대 대통령이자, 이번 선거에서 승리하면서 39대 대통령이 된 인물입니다. 35대 대통령으로 활동했던 당시, 브라질의 경제를 살린 대통령으로 인정받으며 80%가 넘는 지지를 받았습니다. 하지만 2018년 부패 혐의로 구속당하면서 정치 인생의 쉼표를 가졌죠. 노동자 출신의 대통령으로서 임기 동안 빈곤층을 위한 정책에 집중했던 것으로 유명합니다. 자신은 "좌파도 우파도 아닌 대통령"이라고 말했지만, 언론들은 그를 '좌파의 대부'라 부를 정도로 성향이 확실한 정치인으로 평가하고 있습니다. 우크라이나 전쟁에 대해서는 푸틴뿐 아니라 젤렌스키에게도 책임이 있다는 발언을 해서 주목받기도 했죠. 2022년 10월 30일에 열린 대선 결승전에서 룰라가 50.7%를 득표하며 보우소나루를 1.4% 포인트 차이로 이겼습니다. 이로써 룰라는 브라질이 공화국 헌법을 제정한 이후 131년 만에 최초로 3선에 성공한 대통령이 되었습니다.

"face"

가디언(The Guardian)의 기사에서 "전 대통령 룰라와 현 대통령 보우소나루가 대선 결승전에서 맞붙는다."라고 나와 있었죠? 이때 face라는 어휘가 사용됐는데요. face는 모두 아시는 것처럼 명사로는 '얼굴', 동사로는 '마주하다. 직면하다.'라는 의미를 지녔습니다. 이 헤드라인에서도 "두 후보가 결승전에서 마주했다."라는 뜻으로 face를 해석할 수 있죠. 하지만 이 기사에는 좀 더 깊은 뜻이 숨겨져 있습니다. face라는 단어가 경쟁 상황에서 쓰일 땐 '만나다. 마주하다.'를 넘어서 '팽팽하게 맞붙는다.'라는 의미로 쓰이기 때문입니다. 브라질 대선 1차에서 룰라 후보는 48%, 보우소나루 후보는 43%의 득표율을 보였습니다. 단 5% 포인트 차이였죠. 아무리 표차가 적어도 승리한 룰라가 과반수를 차지했다면 결과가 나왔겠지만, 그렇지 못했기 때문에 2차 결승전까지 진행됐고, 결승전에서도 두 후보의 표차는 단 1.4% 포인트였습니다. 이렇게 팽팽한 경쟁구도에서 'face'라는 어휘를 쓰면 그 의미를 더욱 강조할 수 있습니다. 좀 더 노골적인 표현으로는 'neck and neck'이 있는데요. '막상막하로 경쟁하다.'라는 의미입니다. 그래서 "They're running neck and neck."처럼 쓸 수 있습니다.

"핑크 타이드란?"

외신들은 이번 브라질 대선의 결과를 두고 "핑크 타이드가 속도를 내고 있다."라는 기사를 쏟아냈습니다. 우리말로 번역하면 '분홍 물결'인데, 과연 어떤 의미를 지니고 있을까요?

역사적으로 사회주의를 표방하는 극단적인 좌파를 상징하는 색깔은 빨강입니다. 구소련을 떠올리시면 바로 이해가 될 거예요. 그런데 구소련이 붕괴하면서 국제 사회는 사회주의의 실패를 직접 체감했죠. 이후 사회주의는 역사 속에서 사라지는 듯 보였는데요. 이 반대로 극단적인 우파 정권으로 인해 고통받는 국가가 늘어나자, 중남미에서는 이른바 '온건한 21세기 사회주의'라는 키워드가 떠올랐습니다. 빨강보다는 옅은 분홍색 '온건 좌파'를 표방하는 정치인들이 목소리를 내기 시작했죠. 그러니까 '핑크 타이드'(분홍 물결)는 온건 좌파의 흐름을 뜻합니다.

1999년, 베네수엘라에서 우고 차베스 정권이 출범하면서 '핑크 타이드'라는 용어가 본격적으로 대두됐습니다. 그는 1999년부터 2013년까지 베네수엘라의 대통령을 4번이나 역임한 독재자로 알려져 있는데요. 조지 W. 부시 전 대통령을 "악마"라고 말할 만큼 강한 반미 성향을 드러냈던 정치인이었습니다. 좌파 정치인을 대표하던 그가 베네수엘라를 통치한 기간 동안, 남미의 12개 국가 중에서 10개 국가에서 좌파 정권이 집권했습니다. 파라과이와 콜롬비아를 제외하고 남미 국가들의 대부분이 온건한 사회주의를 표방하는 분홍색 물결로 물든 것이죠. 15년 이상 이어졌던 이 흐름은 2015년 말, 아르헨티나가 우파 통치자를 맞이하면서 끝났습니다. 그 원인은 여러 가지가 있었는데, 가장 대표적인 이유는 남미가 마주한 극심한 경제 불황이었습니다. 당시 언론들은 "남미의 좌파 정권이 경제 정책에 실패했다."라는 평가를 내놨습니다. 2015년 아르헨티나 대선을 시작으로 베네수엘라 총선, 페루 대선, 브라질 대선에서 중도 우파가 승리하면서 핑크 타이드는 사라지게 됩니다.

하지만 2019년, 아르헨티나에서 좌파 정치인으로 유명한 페르난데스가 대통령이 되면서 이 흐름은 다시 시작됐습니다. 이후 볼리비아, 온두라스, 페루, 칠레에서 연이어 좌파 정권이 출범했고, 특히 2022년에는 콜롬비아에서 최초로 좌파 대통령이 탄생하면서 분위기가 확 바뀌게 됩니다. 이렇게 '제2의 핑크 타이드'가 조금씩 형성되고 그 속도가 붙고 있던 2022년 말, 브라질에서 좌파의 대부라 불리는 룰라 전 대통령이 3선에 성공하게 된 것인데요. 이에 외신들은 "남미에서 핑크 타이드가 부활했다."라고 평가하고 있습니다.

28년 만에
나타난 거인

미국의 인플레이션과
'자이언트 스텝'

"미 연방준비제도,
28년 만에 자이언트 스텝 단행"

Reuters

2022. 6. 15.

Fed unveils biggest rate hike since 1994, flags slowing economy

연준, 1994년 이후 최대 금리 인상 발표.

"unveil"

미국 연방준비제도(Fed)가 금리 인상을 발표했다는 내용의 기사 제목에 'unveil'이라는 어휘가 쓰였습니다. 보통 '정책을 발표하다'라는 의미로 announce를 많이 쓰는데, 로이터 통신은 왜 unveil을 썼을까요? unveil은 'veil을 벗기다. 숨겨뒀던 무언가를 공개하기 위해 덮개를 벗기다. 공개하다'라는 의미를 지니고 있습니다. 미국의 인플레이션이 예상보다 너무 심각해지자, 당시 외신들은 연준이 금리 인상을 어느 정도 할 것인가에 집중하고 있었거든요. 5월에 이어 '빅스텝'을 단행할 것이라는 의견과 조금 위험하더라도 과감하게 '자이언트 스텝'을 단행할 것이라는 의견이 팽팽하게 대립했습니다. 그렇게 모두가 궁금해하던 연준의 정책이 마치 덮개를 열고 나오듯이 '짠' 하고 나오면서, 구체적인 내용이 공개된 것이죠. 드디어 연준의 금리 인상 정책이 unveil 된 것입니다.

예문: The government will unveil its new policy on economy.
　　　정부는 새로운 경제 정책을 발표할 것이다.

The New York Times

2022. 6. 15.

Fed Takes Aggressive Action in Inflation Fight

Policymakers announced a large interest rate increase to rein in prices while trying to keep the economy from falling into a deep downturn, "We're not trying to induce a recession," the Fed chair said. The S&P 500 rose 1.4 percent.

연준, 인플레이션과의 전쟁에서 공격적인 조치를 취하다.

정책 담당자들은 경제가 깊은 침체에 빠지지 않도록 노력하면서, 물가 상승을 억제하기 위한 방법으로 대규모 금리 인상을 발표했다. 연준 의장은 "우리는 경기 침체를 유도하려는 것이 아니다."라고 말했다. S&P500지수는 1.4% 올랐다.

CNN

2022. 6. 16.

Fed hikes interest rates by three-quarters of a percentage point in boldest move since 1994

연준, 1994년 이후 가장 대담한 결정: 금리 0.75% 포인트 인상

배경 설명

28년 만에 자이언트 스텝이 단행되기까지 미국은 여러 단계를 밟았습니다. 먼저 2022년 5월 말, 조 바이든 미국 대통령과 제롬 파월 연준 의장이 6개월 만에 만남을 가졌습니다. 바로 전 달인 2022년 4월, 개인소비지출 물가지수가 2021년 같은 달에 비해 6.3%나 오르면서 다급한 분위기가 조성된 겁니다. 이 만남 이후

6월 1일, 미 연준 이사회에서 베이지북을 발표했는데요. 이때 파월 의장이 "일부 고통이 있더라도 인플레이션이 확실하게 잡힐 때까지는 긴축을 지속하겠다."라고 밝혔습니다. 미 연준의 공개 시장 위원회인 FOMC가 금리 정책을 논의할 때 가장 많이 참고하는 자료가 바로 베이지북이기 때문에 전문가들은 6월 베이지북의 내용에 집중했습니다.

6월 FOMC가 열리기 하루 전, 외신들은 연준의 자이언트 스텝 단행 가능성에 대한 기사를 쏟아냈고, 결국 현실이 되었습니다. 자이언트 스텝이 단행되기 한 달 전인 2022년 5월에는 연준이 22년 만에 빅스텝을 단행했는데요. 하지만 시원하게 분위기가 전환되지는 않았죠. 그래서 좀 더 공격적인 통화정책을 시행한 것으로 분석할 수 있습니다.

이후 미국은 7월과 9월, 11월, FOMC에서 3회 연속으로 자이언트 스텝을 추가로 단행했습니다. 11월 FOMC 발표 후 제롬 파월 연준 의장은 "금리 인상 속도를 늦추는 것은 이르면 다음 회의가 될 수 있다. 하지만 금리 인상의 속도를 늦출 수는 있어도, 중단을 생각하는 것은 성급하다."라고 말했습니다. 그 후 12월, 연준은 전문가들의 예상대로 0.5% 포인트 금리를 인상하는 '빅스텝'을 단행했습니다. 주요 외신들은 2023년에도 미국은 금리 인상 기조를 이어갈 것이라는 전망을 내놨습니다.

NYT vs. CNN 기사 분석 ···

"자이언트 스텝, 공격적인 대처인가? 대범한 결정인가?"

　미국을 대표하는 두 언론사, 뉴욕타임스와 CNN은 연준의 자이언트 스텝 단행에 대해 상반된 기조로 기사를 실었습니다.

　먼저, 뉴욕타임스는 'Fed takes aggressive action'이라는 표현을 썼는데요. aggressive는 '공격적인'이라는 뜻이죠. 즉, 위험성을 감수하면서도 파격적인 결정을 내렸다고 보도한 것입니다. 이어서, 제롬 파월 연준 의장이 "경기 침체를 유도하려는 것은 아니다."라고 말한 부분을 언급하면서, 경기 침체 가능성에 대해 불안해하는 여론이 있다는 사실을 짚었습니다.

　그렇다면, CNN은 어땠을까요? CNN은 이번 연준의 결정을 'boldest move'라고 평가했는데요. boldest는 '과감한. 용감한. 대범한'이라는 뜻을 지닌 어휘입니다. 긍정적인 뉘앙스를 풍기는 표현이죠. CNN은 연준의 이번 결정이 인플레이션 문제를 해결하겠다는 과감하고 확고한 약속으로 여겨지면서 다우지수가 500포인트 이상 상승했다는 점을 강조했습니다.

▌국제 시사 상식

"기준금리와 자이언트 스텝"

　기준금리는 한 국가의 금리를 대표하는 정책 금리를 뜻합니다. 우리나라의 경우 금융통화위원회에서 한국은행 기준금리를 결정하고, 미국은 연방준비제도(Fed)에서 결정합니다. 금리가 오르면 화폐 가치가 상승하게 되니, 자연스럽게 물가가 떨어지게 되겠죠. 그래서 국가에서는 기준금리를 올리기도 하고 낮추기도 하면서 물가의 안정을 이끄는 것입니다.

최근 미국은 40년 만에 최악의 인플레이션을 겪고 있습니다. 물가가 너무 오르니까 기준금리를 올려서 화폐 가치를 떨어뜨리고, 결론적으로 인플레이션 문제를 해결하겠다는 계획으로 연준은 자이언트 스텝을 단행했습니다.

그렇다면 '자이언트 스텝'이란 무엇일까요? 우리말로 직역하면 '거인의 발걸음'이죠. 말 그대로, 큰 걸음으로 금리를 변화시킨다는 뜻입니다. 보통 기준금리의 변화가 0.25% 포인트일 때 '베이비 스텝', 0.5% 포인트일 때는 '빅스텝'이라고 합니다. 0.75% 포인트는 '자이언트 스텝', 1.00% 포인트는 '울트라 스텝'이라고 부릅니다. 평소에 0.25% 포인트 금리 인상에 대한 기사는 많이 보셨을 거예요. 보통 '베이비 스텝'을 단행하는 경우가 많기 때문이죠. 하지만 '빅스텝'부터는 뭔가 경제 상황이 심상치 않다는 의미가 됩니다. 2022년 5월, 미 연준은 22년 만에 기준금리를 0.5% 포인트 인상하는 '빅스텝'을 단행했고, 그 결정도 세계적인 이슈로 주목받았습니다. 하지만 과감한 '빅스텝' 단행에도 물가가 잡히지 않자, 6월에는 28년 만에 0.75% 포인트 금리를 인상하는 '자이언트 스텝'을 단행한 것입니다. 과연 2023년에는 미국의 인플레이션 문제가 해결될까요? 미국의 경제는 전 세계 경제에 큰 영향을 끼치기 때문에 세계 언론들은 이 이슈에 주목하고 있습니다.

기억해야 할
그날

01

10월 10일, 난센 탄생일
〈UN 난센난민상〉

외신 기사로 읽는 국제 뉴스 ·······················

"2022년 난센난민상의 주인공은?
앙겔라 메르켈"

Aljazeera   2022. 10. 4.

Ex-German leader Angela Merkel wins UN refugee prize

The recipient of the Nansen Refugee Award was praised for her determination to protect asylum seekers while in office.

독일의 전 총리인 앙겔라 메르켈, UN 난민상 수상.

난센난민상 수상자인 메르켈 전 총리는 재임 당시, 망명 신청자들을 보호하겠다는 결의를 보여 찬사를 받았다.

유엔난민기구(UNHCR)에서는 1955년부터 매년, 난민 문제에 귀감이 되는 행동을 한 개인이나 단체에게 '난민상'을 수여합니다. '유엔 난센난민상'이 공식 명칭인 이 상의 2022년 주인공은 앙겔라 메르켈 독일 전 총리였는데요. 메르켈 전 총리는 2005년 11월 22일부터 2021년 12월 7일까지 16년 동안 독일의 총리로 재임했습니다. 독일 최초의 여성 총리로 알려져 있죠. 재임 기간 동안, 4년 연속으로 미국의 경제지 포브스에서 선정한 '세계에서 가장 영향력 있는 여성' 1위로 선정되기도 했고, 2015년에는 시사주간지 타임의 '올해의 인물'로 선정되기도 했습니다. 퇴임 후에도 여전히 인기가 많은 흔치 않은 정치인이기도 합니다.

그녀가 이뤄낸 여러 가지 업적이 있지만, 앙겔라 메르켈 하면 가장 먼저 떠오르는 것이 바로 '난민 수용'입니다. 그녀는 2015년, 내전이 극심하던 시리아를 포함한 다양한 국가의 난민들을 120만 명이나 독일로 받아들였습니다. 또한, 받아들인 것에서 그치지 않고, 난민들이 제대로 된 교육을 받으면서 독일 사회에 정착할 수 있도록 돕는 제도를 마련했죠. 난민 문제를 사회적 의제로 끌어올렸다는 평가를 받고 있습니다. 물론 이에 대한 부정적인 평가도 있습니다. 수많은 난민을 수용한 것이 인도적으로는 존중받을 만하나, 무모한 면도 있었다는 것이죠. 감당할 수 없는 범위의 난민을 수용해서 다른 유럽 국가들에게 책임을 떠넘겼다는 극단적인 평가를 받기도 했습니다. 하지만 그럼에도 불구하고, 앙겔라 메르켈 전 총리의 따뜻한 리더십은 국제 사회의 큰 문제를 해결하는데 긍정적인 영향을 끼쳤습니다. 유엔난민기구의 최고 대표는 그녀에 대해 "정치인이 세상이 지닌 문제에 대한 해결책을 찾으려고 적극적으로 노력할 때, 어떠한 것을 성취할 수 있는지 직접 보여준 사람이다."라고 평가하기도 했습니다. 2022년 유엔 난센난민상 선정위원회는 앙겔라 메르켈 전 총리를 수상자로 선정한 이유에 대해 "그녀의 리더십과 용기, 연민, 그리고 난민 문제에 대해 실행 가능한 장기적 해결책을 찾으려는 그녀의 노력을 인정한다."라고 밝혔습니다.

국제 시사 상식

"난센은 누구인가요?"

유엔 난민상이 왜 '난센난민상'이라 불리는지 궁금하시죠? 프리드쇼프 난센이라는 사람을 기리기 위한 것인데요. 유엔난민기구에서 공식적으로 소개한 내용을 바탕으로 난센에 대해 알아보겠습니다.

UNHCR

Who was Fridtjof Nansen?

Nansen saw that one of the biggest problems facing refugees was the lack of internationally recognized identification papers. He established the first legal instrument to bestow international protection to refugees. This document came to be known as the 'Nansen passport'. -UNHCR (The UN Refugee Agency)

— 왜 이 영단어를 썼을까? —

"bestow"

난민들에게 국제적으로 보호받을 권리를 주는 최초의 법적 장치가 '난센 여권'이라는 UNHCR의 설명 보셨죠? '보호받을 권리를 주다'는 뜻으로 bestow라는 어휘를 사용했는데요. 보통 '주다' 하면 give, grant 같은 단어를 떠올리실 거예요. 세 가지 다 기본적으로는 '주다'라는 의미이지만 뉘앙스가 살짝 다릅니다. give는 일반적으로 '보상 없이 무언가를 주다.'라는 의미로 가장 자주 쓰이고, grant는 좀 더 공식적으로 '어떠한 자격을 주다.'라는 의미로 쓰입니다. 그럼, give보다는 grant가 공식적으로 쓰이니까 grant protection이라고 하면 되는데 왜 낯선 bestow라는 어휘를 썼을까요? 우선 bestow는 명예 시민증이나 명예 학위처럼 법적인 효력이 없는 것을 부여할 때 쓰이는 어휘입니다. 난센 여권이 통상적인 여권과는 달랐기 때문에 이 어휘를 사용한 것이죠.

bestow를 사용한 또 하나의 이유가 있습니다. grant는 아랫사람에게 '하사하다'라는 의미가 강하고, bestow는 '존경의 마음을 담아 헌정하다. 수여하다'라는 의미가 내포되어 있기 때문입니다. 유엔난민기구에서 난민들에게 어떠한 마음을 갖고 있는지 한 번에 알 수 있는 표현이죠? 난민들에게 to bestow international protection '존경하는 마음을 담아 국제적으로 보호받을 권리를 수여한' 것이 '난센 여권'이랍니다.

난민들은 나라를 잃고 새로운 삶의 터전을 찾고 있는 사람들이죠. 보통 난민이라 통칭하고 있긴 하지만, 사실 국제법상으로는 asylum seeker(망명 신청자)와 refugee(난민)가 명확하게 구분되어 있습니다. 난민은 새롭게 정착한 곳에서 살아갈 수 있는 자격을 부여받은 사람입니다. 다시 말해, 심사를 통과하면 유엔 난민 협약에 의해 지위를 보호받고, 난민으로 인정받으면 추방당하지 않습니다. 원래 삶의 터전은 잃었지만, 새로운 곳에서 법적인 보호를 받을 수 있는 것이죠. 하지만 망명 신청자는 아직 난민으로 인정받기 전의 단계라고 할 수 있습니다. 예를 들어 볼게요. 지난 2018년 제주도에 왔던 예멘의 난민들을 기억하시죠? 총 480명이 넘는 난민들이 왔는데, 정확하게 그들은 난민이 아니라 망명 신청자였고, 심사를 통해 난민으로 인정받은 사람은 단 두 명뿐이었습니다. 이렇게 난민들에게는, 더 나아가 난민으로 인정받아 안정적인 삶을 영위하고 싶어 하는 (당연히 그럴 자격이 있는) 망명 신청자들에게는 자신이 누구인지를 명확하게 설명해주는 신분증이 없을 수밖에 없습니다. 난센은 이것이 난민들이 직면한 가장 큰 문제라고 여기고 그들의 신분을 보장하는 '난센 여권'을 만들었습니다.

난센 여권의 초기 모습

프리드쇼프 난센은 1861년 10월 10일, 노르웨이에서 태어났습니다. 그는 탐험가이자 정치인이었다고 말할 수 있는데요. 1988년에 처음으로 그린란드 횡단에 성공한 것으로 유명합니다. 유엔의 초대 고등 판무관으로 일하면서 난민의 인권 보장을 위해 평생을 바친 사람이죠. 난민의 신분증이라 할 수 있는 '난센 여권'을 만들기도 했고, 1921년 러시아 내전으로 수백만 명이 굶어 죽고 있을 때, 구호소를 설립하기도 했습니다. 그 공로를 인정받아 1922년에는 노벨 평화상을 받기도 했습니다. 그래서 유엔에서는 난센의 정신을 본받아 유엔 난센난민상을 수여하고 있는 것입니다.

발칙한 한마디

"난민 수용에 찬성하면 좌파이고, 반대하면 우파입니까?"

우리 솔직하게 터놓고 얘기해 봅시다. 사회적으로 큰 이슈가 되는 사건이 발생했을 때, 혹시 소셜 미디어에 해시태그를 검색해서 대중들이 어떤 댓글을 달았는지부터 보지 않으셨습니까?

혹시, 내가 가입한 '색깔' 있는 커뮤니티에 가서 마음 맞는 사람들이 써놓은 글들을 읽고 같은 포인트에 분노를 느끼며 내 생각과 감정을 키우진 않으셨습니까? 혹시, 유튜브에서 '나름대로' 이 사건에 대해 해석해 놓은 영상을 보고, 그렇게 얻은 정보를 확인 절차 없이 그대로 수용하진 않으셨습니까? 그 과정을 거치고 나면, 간접 정보를 통해 얻은 배경지식을 바탕으로 비슷한 영상과 게시물을 반복해서 찾아보고, 생각 굳히기에 들어가진 않으셨나요? 만약 내가 지지하는 정당의 정치인이 이슈의 중심에 올라서면, 그를 옹호하는 분위기의 댓글을 의도적으로 찾지는 않으셨는지요? 마치 '객관적으로' 사건을 분석한 것처럼 보이는 영상이나 게시글을 보면서 그 사람이 큰 잘못은 하지 않았다는 누군가의 해설에 안심하고, 그 누군가의 의견에 양념을 살짝 더해 내 의견처럼 둔갑시킨 다음 또 다른 누군가에게 전하진 않으셨나요?

'씨앗을 뿌리다.' '말을 퍼뜨리다.'라는 어원에서 시작돼 '방송'을 뜻하게 된 브로드캐스팅(Broadcasting)의 반대말이 생겼습니다. 바로, 내로캐스팅(Narrowcasting)입니다. 다양한 분야를 다루는 기존의 방송과 달리, 세분화된 전문 영역을 다루는 '전문 편성 방송'을 의미하는 말인데, 최근에는 '소셜 미디어'를 뜻하는 말로 더 자주 쓰입니다. 소셜 미디어는 특유의 알고리즘(Algorithm)을 통해, 관심 분야에만 집중할 수 있게, 나아가서는 관심 분야가 비슷한 사람들끼리 내용을 공유할 수 있게 만들어 '소통의 범위'를 세분화하고 좁히기 때문입니다. 전문가들은 현대인들이 내로캐스팅에 집중하다 보면, '확증편향'이라는 덫에 빠질 수 있다고 경고하기도 합니다. 결국은 내가 듣고 싶은 정보만 선택적으로 취하고, 받아들이고 싶지 않은 정보는 외면하면서 '사실'과는 의도적으로 거리를 두게 되는 것이죠.

살다 보면, 이데올로기나 정치적 패권 다툼과는 전혀 연결되지 않을 것 같은 큰 사건이 일어날 때가 있습니다. 처음엔 좌우 상관 없이 희생자의 아픔에 대해서만 생각했는데, 시간이 흘러 자연스럽게 정치적 다툼으로 번지게 되는 경우를 꽤 많이 목격하셨을 겁니다. 대한민국 사회에서는 참 안타깝게도 대부분의 이슈가 좌우 다툼으로 번져 왔으니까요. 이때, 나도 모르게 의도적으로 믿고 싶은 정보만 선택적으로 취하진 않으셨나요? '확증편향' 에 스스로를 가두진 않으셨나요? 그래서 결국엔 사건의 본질은 제대로 파악하지 못한 채, 어느 한쪽의 의견에 집중하게 된 적은 없으셨나요?

인간의 기본권에 대해 논의되어야 하는 낙태권 관련 이슈가 미국에서 보수당 대 민주당 이슈로 번진 것에 대해 전 세계 언론들은 안타까움을 표합니다. 하지만, 대한민국에서는 훨씬 더 많은 문제들이 그 틀 안에 갇혀 있는 듯 보입니다. 진보냐 보수냐의 문제가 아니라, 그보다 훨씬 우선적으로 고려되어야 하는 인간의 존엄성과 생명 존중, 안전에 대해 논의되어야 하는 세월호 참사, 이태원 참사, 제2연평해전이 언젠가부터 그 본질은 잊힌 채, 좌우 싸움으로 번진 것처럼 보이는 건 저만의 생각일까요?

난민 문제도 마찬가지입니다. 1945년 2차 대전이 끝난 후 4천만 명의 난민이 생겨났습니다. 1차 대전 때보다 훨씬 많은 수였죠. 그래서 유엔에서는 유엔난민기구(UNHCR)를 창설했고, 1951년에는 난민협약을 채택했습니다. 이 협약에는 국제법상 보호받아야 하는 난민의 기본 권리(fundamental Rights)가 담겨 있는데, 그중 가장 중요한 원칙은 바로 Non-refoulement 입니다. '농르풀망'은 '짓밟지 않는다.'라는 의미를 지닌 프랑스어입니다. 망명자를 전쟁이나 집단 학살, 박해, 자연재해 등으로 그들의 생명을 위협하는 본국으로 돌려보내선 안 된다는 '강제송환금지의 원칙'이죠. 쉽게 생각하면, 대한민국 정부가 탈북자를 북한으로 돌려보내지 않는 것이 바로 '농르풀망 원칙'을 지키고 있는 사례라 볼 수 있습니다.

앞서 설명해 드린 것처럼, 망명 신청자가 난민으로 인정받는 것 자체가 매우 어려운 일입니다. 하지만 망명 신청자도 이미 본국에서 엄청난 위협으로부터 생명을 유지하기 위해 다른 나라로 옮겨온 것이기 때문에, 어디서든 안전을 보장받을 권리를 지닙니다. 물론 난민의 지위를 얻으면 그 이후에는 이민자와 동등한 권리를 지니게 되고요.

전 세계 인구의 1%가 망명 신청자라고 합니다. 1분마다 최소 24명이 자신의 의지와 상관없이 삶의 터전을 강제로 빼앗긴다는 의미가 됩니다. 우크라이나 전쟁이 발발하기 전에 나온 통계이기 때문에, 지금은 그 수가 훨씬 늘어났을 것입니다. 그 누구도 난민이 되길 스스로 선택하지 않습니다. 하지만 누구나 언제든 난민이 될 수 있습니다. 난민의 인권은 난민이 아닌 사람의 인권과 다름없이 중요한 가치이고, 반드시 존중받아야 합니다. 난민의 인권은 Universal Human Value, 그러니까 어떠한 조건도 필요 없이 일반적이고 보편적이며, 전 세계적으로 존중해야 하는 가치입니다. 그런데 그 무엇보다 먼저, 우선적으로 고려되어야 하는 인권 문제를 좌파냐 우파냐로 가르는 대한민국의 현실에 대해 여러분은 어떻게 생각하십니까?

난민의 인권은 '보편적인 가치'이니까, 2018년에 제주도로 왔던 480명의 망명 신청자를 모두 난민으로 수용했어야 한다고 얘기하는 게 아닙니다. 앙겔라 메르켈 독일 전 총리는 100만 명 이상의 난민을 수용하며 절망에 빠진 소중한 생명을 포용하는 리더십을 발휘했습니다. 하지만, 동시에 사전 대비가 부족한 상황에서 지나치게 많은 난민을 수용했기 때문에, 유럽의 난민 사태에 대해 일부 책임이 있는 것도 사실입니다. 우리나라도 2018년 당시만 해도 난민에 대한 이해가 부족했고, 유럽처럼 주변국에서 분쟁이 일어나거나 난민이 생기지 않는 지리적 특성을 고려해도 난민 문제의 심각성을 인지하기엔 쉽지 않은 상황입니다. 또한, 유엔 가입국으로서 지닌 난민 수용에 대한 국가의 책임 문제도 대부분의 국민은 알지 못한 것으로 보입니다. 여전히 이 부분에 대해서는 정부의 노력이 필요하다고 생각합니다. 난민 수용을 찬성하는 측과 반대하는 측, 그 어느 쪽도 무조건 비난받을 순 없습니다. 양측의 의견에 일리가 있고, 조율과 협의를 통해 수용의 범위를 결정해야 할 것입니다. 단, 이 문제의 본질에 대한 파악은 미뤄둔 채, 정치적 패권 다툼에 집중해서 좌우 싸움으로 번진 현실에 대해서는 분명히 문제를 제기하고 싶습니다. 그 사이에서 무분별하게 퍼진 거짓 정보와 선을 넘은 갈등 때문에 전 세계가 공유하는 심각한 인류의 문제를 마치 선거를 위한 도구처럼 비하해 버린 현실을 말이죠.

배우 정우성 씨에 관한 기사에는 어김없이 "좌파 연예인"이라는 댓글이 달립니다. 물론 저는 그 배우의 정치적 성향에 대해 잘 모릅니다. 특별한 성향이 있을 수도 있고, 없을 수도 있죠. 하지만 분명한 건 "유엔난민기구 친선대사라는 이유만으로 좌파일 수는 없다"라는 것입니다. 난민 문제에 대한 심각성을 알고, 그것을 알리는 것은 정치적 성향과는 전혀 상관없는 일입니다.

사회가 만든 고작 두 줄기의 시선에 나를 섞어버리지 말고, 문제 그 자체를 먼저 알기 위해 힘을 써보는 건 어떨까요? 그리고 그 과정을 통해 느끼는 감정들을 솔직하게 받아들인다면, 적어도 인류의 가치를 논하는 일을 좌우로 나눠버리는 이 사회의 안타까운 흐름은 멈출 수 있지 않을까요?

02

10월 24일, UN Day 국제연합일
(United Nations Day)

외신 기사로 읽는 국제 뉴스 ···

"UN은 이러한 순간을 위해 탄생했다."
-안토니우 구테흐스 UN 사무총장

UN news   2022. 10. 19.

Secretary-General António Guterres message on United Nations day, 24 October 2022

2022년 10월 24일 UN의 날, 안토니우 구테흐스 사무총장의 메시지

　2022년 10월 24일은 국제연합 유엔(UN)이 77주년을 맞이한 날이었습니다. 안토니우 구테흐스 사무총장은 유엔의 날을 맞이하여 의미 있는 메시지를 전했는데요. 가장 기억에 남는 부분은 바로 이거였어요. "오늘날 유엔은 전례 없는 시험을 당하고 있지만, 유엔은 이러한 순간을 위해 탄생했다. 세계 곳곳에서 유엔 헌장의 가치와 원칙을 현실화해야 한다."

　2022년은 인류 역사에서 또 하나의 가슴 아픈 획을 그은 해였습니다. 제3차 세계 대전의 위협이라 여겨지는 우크라이나 전쟁이 일어났기 때문입니다. 또한, 우리의 일상에서 기후 위기를 그 어느 때보다 자주, 가깝게 체감한 해이기도 했습니다. 구테흐스 사무총장은 이러한 위기의 순간을 위해 탄생한 것이 바로 유엔이라고 말했습니다.

"국제연합의 탄생"

　제1차 세계 대전이 끝난 1918년, 세계는 한 마디로 폐허였습니다. 수많은 사람이 죽었고, 엄청난 난민들이 생겨났죠. 전쟁이 얼마나 끔찍한 일인지 직접 겪은 각국의 리더들은 다시는 전쟁을 겪지 말아야 한다는 의견에 동의했고, 1920년 국제연맹(League of Nations)이 탄생합니다. 하지만 국제연맹은 제 역할을 해내지 못했어요. 1939년, 결국 비극적인 제2차 세계 대전이 일어났고, 연합국과 추축국으로 나뉘어 서로를 파괴한 두 번째 전쟁은 1945년에 끝이 납니다. 이후 "다시는 실패를 거듭하지 말자. 반드시 전쟁을 막고 국제 평화를 이뤄야 한다."라는 목표로 1945년 10월 24일에 탄생한 것이 바로 국제연합(United Nations) 유엔입니다. 총 193개 국가가 가입한 국제기구이고, 본부는 미국 뉴욕에 있습니다. 유엔 총회(United Nations General Assembly)에서 주요 의사 결정이 이뤄지고, 세계 평화 유지라는 기본 임무를 담당하는 핵심 기구가 바로 안전보장이사회(United Nations Security Council/ UNSC)입니다. (Headline 1 참고)

"UN 헌장의 주요 메시지"

국제연합의 근본 조약이라고 할 수 있는 유엔 헌장은 서문과 19장, 111조로 구성돼 있습니다. 초기 원문의 맨 앞부분에는 "유엔 가입국은 우리 생애에 두 번이나 인류에게 말할 수 없는 슬픔을 안겨준 전쟁의 재앙으로부터 다음 세대를 구하고, 기본적인 인권, 인간의 존엄과 가치, 남과 여, 크고 작은 나라들의 평등한 권리에 대한 믿음을 확고하게 하기로 결심했다."라고 나와 있습니다. 그러니까 제1, 2차 세계 대전을 겪고 다시는 전쟁이 일어나지 않도록 국제 평화를 수호하기 위해 탄생한 국제기구가 바로 유엔이라는 것이죠. 안토니우 구테흐스 사무총장이 "지금 유엔이 시험에 들고 있지만, 우린 이 순간을 위해 탄생한 것이다."라고 말한 건, 러시아가 일으킨 전쟁 때문에 국제 사회가 혼란을 겪고 있지만 유엔이 제 역할을 해낼 것이라는 의지를 보여준 거라고 볼 수 있을 것입니다.

WE THE PEOPLES OF THE UNITED NATIONS

determined to save succeeding generations from the scourge
of war, which twice in our lifetime has brought untold sor-
row to mankind, and

to reaffirm faith in fundamental human rights, in the
dignity and value of the human person, in the equal rights
of men and women and of nations large and small, and

to establish conditions under which justice and respec

유엔 헌장 초기 원문(1945년)

WE THE PEOPLES OF THE UNITED NATIONS

determined to save succeeding generations from the scourge of
war, which twice in our lifetime has brought untold sorrow to
mankind, and
to reaffirm faith in fundamental human rights, in the dignity
and worth of the human person, in the equal rights of men and
women and of nations large and small, and
to establish conditions under which justice and respect ...

유엔 가입국은 우리 생애에 두 번이나 인류에게 말할 수 없는 슬픔을 안겨
준 전쟁의 재앙으로부터 다음 세대를 구하고, 기본적인 인권, 인간의 존엄
과 가치, 남과 여, 크고 작은 나라들의 평등한 권리에 대한 믿음을 확고하게
하기로 결심했다. 그리고 기본적 인권, 인간의 존엄성과 가치, 남성과 여성,
크고 작은 국가들의 평등권에 대한 신념을 재확인하고…

　유엔 헌장은 전쟁으로부터 다음 세대를 구하자는 목표와 모두
가 평등하다는 신념, 누구든 동등한 가치를 지니고 있기에 인권
을 존중받아야 한다는 메시지를 담고 있습니다. 내용이 워낙 광
범위해서 우리의 실생활에 적용하기 어렵다고 느끼실 수도 있을
겁니다. 하지만, 쉽게 생각해 볼 수 있어요. 우크라이나를 침공해

국제 평화를 깨뜨린 러시아와 여성의 인권을 침해하고 있는 아프가니스탄의 탈레반 정부는 분명히 유엔 헌장의 내용을 위반하고 있는 것입니다.

"fundamental"

유엔 헌장 원문에 fundamental human rights라는 부분이 나오죠? '기본적 인권'이라는 의미인데요. '기본의' '기본적인' 하면 가장 먼저 어떤 단어가 떠오르시나요? 혹시 basic 아닌가요? basic을 써도 '모든 인간이 당연히 누려야 할 기본적 인권'이라는 의미로 충분히 해석될 수 있습니다. 그런데 왜 유엔 헌장에서는 basic human rights라는 표현을 쓰지 않고 fundamental human rights라고 했을까요? basic은 인권이라는 카테고리 안에서의 가장 기본적인 인권을 뜻합니다. 그러니까, 가장 기본이 되는 인권인 basic human rights가 존중되어야 다음 단계의 인권에 대해서도 얘기할 수 있다는 것이죠. 그런데 fundamental은 뉘앙스가 살짝 다릅니다. 인권이라는 것 자체가 아주 기본적이고 필수적인 영역이기 때문에, 기본적으로 먼저 인권을 존중해야 다른 영역에 대해서도 얘기할 수 있다는 뜻이 됩니다. 그러니까 fundamental human rights를 가장 최우선으로 존중해야 문화의 다양성이나 종교의 자유 같은 다양한 부분에 대해서도 생각해 볼 수 있다는 의미가 되겠죠.

　　예를 들어볼게요. 만약 문화의 다양성을 이야기하며 사람이 사람을 먹는 식인 문화를 주장하는 국가가 있다고 생각해 봅시다. 기본적인 인권을 존중하지 않은 상태에서 "그들의 문화이니 이해하자."라고 할 수는 없겠죠? 그러니까 fundamental human rights는 인권이 최우선으로 존중되어야 하는 기본적 영역이라는 것을 강조한 표현이라고 볼 수 있습니다. 유엔은 그 어떤 가치보다도 인권을 가장 최우선적이고 가장 필수적인 가치로 여기고 있다는 것을 확인할 수 있는 부분입니다.

03

11월 2일, 세계 언론인 대상 범죄 불처벌 종식의 날

외신 기사로 읽는 국제 뉴스 ···

"언론인을 살해한 가해자들의 90%는 처벌받지 않았다."

News18

2022. 11. 2.

The day came into existence when the United Nations General Assembly (UNGA) passed a resolution in December 2013. The day draws attention to impunity.

According to UNESCO's observatory of killed journalists, between 2006 and 2020, over 1,200 journalists were killed for doing their job. In 90% of these cases, the killers went unpunished.

세계 언론인 대상 범죄 불처벌 종식의 날은 유엔 총회가 2013년 12월, 결의안을 통과시키면서 탄생했다. 이날은 범죄자들이 처벌받지 않는 것에 대한 관심을 불러 일으켰다. 유네스코의 조사에 따르면, 2006년부터 2020년까지, 1,200명 이상의 언론인이 그들이 할 일을 했다는 이유로 살해당했다. 그리고 이들을 살해한 가해자 중 90%는 처벌을 받지 않았다.

배경 설명

매년 11월 2일은 '세계 언론인 대상 범죄 불처벌 종식의 날'입니다. 이름이 조금 복잡하게 느껴지실 텐데요. 쉽게 설명하면, 세계 각지에 위험에 처해있는 언론인들이 참 많죠? 진실을 전하기 위해 애쓰다가 통제력을 지닌 정부로부터 구금되거나 누군가에 의해 몰래 살해되는 경우도 꽤 많습니다. 그래서 언론인의 안전과 표현의 자유를 위해 유네스코가 2013년에 지정한 날이 바로 '세계 언론인 대상 범죄 불처벌 종식의 날'입니다.

위의 기사에서 보신 것처럼, 2006년부터 2020년 사이에 1,200명 이상의 언론인이 살해당했다고 하죠. 유네스코의 보고서에 따르면, 지난 10년 동안 세계적으로 나흘에 한 명꼴로 언론인이 살해되었다고 합니다. 이 중 90%는 처벌이 제대로 이뤄지지 않았다고 하니 정말 상황이 심각합니다. 살해당하는 언론인 말고도 협박당하고 구금되고, 괴롭힘을 당하는 언론인의 수도 계속 늘어나고 있다고 합니다. 안토니우 구테흐스 유엔 사무총장은 2020년 11월 2일, 세계인권선언 제19조에 제시된 '표현의 자유'에 대해 언급하며, "언론인은 권력에 대항해 진실을 말할 수 있어야 한다."라는 말을 하기도 했습니다.

"사우디 왕실이 살해한 자말 카슈끄지"

살해당한 언론인에 대해 이야기할 때, 가장 먼저 떠오르는 인물이 있습니다. 바로 워싱턴 포스트의 칼럼니스트였던 자말 카슈끄지입니다. 그는 사우디아라비아의 언론인으로, 알카에다의 수장인 오사마 빈 라덴과 여러 차례 인터뷰를 한 인물입니다. 2017년부터는 미국에 거주하며 칼럼을 게재했는데요. 특히 사우디 정부를 비판하는 칼럼을 쓴 것으로 유명하죠. 그러다 2018년 10월 2일, 터키에 있는 사우디 영사관을 방문했다가 실종됐는데요. 결국 사우디 왕실에 의해 살해된 것으로 밝혀졌습니다. 사실 카슈끄지의 집안은 원래 사우디 왕실과 친밀한 관계를 유지했다고 합니다. 그의 할아버지가 사우디 초대 국왕의 주치의였기 때문인데요. 하지만, 카슈끄지가 이슬람 근본주의자들을 비판하고 사회 개혁을 주장하기 시작하면서, 왕실과의 관계가 악화된 것으로 알려져 있습니다.

2018년 12월 12일, 미국의 시사주간지 타임은 '올해의 인물'로 카슈끄지를 선정했습니다. 타임은 그에 대해 "흰 수염과 온화한 태도를 지닌 이 뚱뚱한 남자는 정부의 잔혹함에 대한 진실을 세계에 알리다 살해됐다."라고 설명했습니다. 특히, 카슈끄지가 살해당하기 전 마지막으로 썼던 칼럼의 제목은 '아랍이 가장 원하는 것은 표현의 자유'였다고 하죠.

04

11월 20일,
세계 어린이의 날

"2022년 세계 어린이의 날, 그 의미와 소망"

First Post   2022. 11. 20.

World Children's Day 2022: History, significance and wishes

World Children's Day was first started in 1954 as Universal Children's Day and is celebrated with the aim to improve children's welfare.

2022 세계 어린이의 날: 역사와 의미, 소망

세계 어린이의 날(World Children's Day)은 1954년, Universal Children's Day로 시작됐다. 이날은 어린이의 복지 증진을 목적으로 기념되고 있다.

11월 20일은 세계 어린이의 날입니다. 특히 2022년에는 우크라이나 전쟁으로 전 세계 어린이들의 안전과 기본권이 위협당하고 있다 보니, 외신들은 이날의 의미에 대해 짚어보는 기사를 꽤 많이 게재했습니다.

세계 어린이의 날은 1954년 12월 14일, 유엔이 제정한 날인데요. 어린이의 기본 권리를 인정하고 보호하기 위한 목적으로 탄생했습니다. 1959년 11월 20일, 유엔 아동권리선언(UN Declaration on the Rights of the Child)이 채택됐고, 1989년 11월 20일에는 유엔 아동권리협약(UN Convention on the Rights of the Child)이 채택되었습니다. 그래서 매년 11월 20일을 세계 어린이의 날로 기념하게 된 것이죠.

국제 시사 상식

"UN 아동권리협약이란 무엇일까요?"

CONVENTION ON THE RIGHTS OF THE CHILD

All children have all these rights, no matter who they are, where they live, what language they speak, what their religion is, what they think, what they look like, if they are a boy or girl, if they have a disability, if they are rich or poor, and no matter who their parents or families are or what their parents or families believe or do. No child should be treated unfairly for any reason.

1989년에 채택된 유엔 아동권리협약은 아동의 기본권과 아동 권리의 보장을 위한 국가의 의무를 규정하고 있는 협약입니다. 한마디로 어린이들의 권리를 보호하기 위해서 우리가 반드시 지켜야 할 항목들을 정리해 놓은 것이라고 할 수 있어요. 이 협약은 아동의 생존권과 보호권, 발달권, 참여권에 대한 내용을 핵심으로 담고 있습니다. 총 54개 조항으로 구성되어 있고, 4대 기본 원칙을 바탕으로 구체적인 내용이 정리되어 있는데요. 4대 원칙은 비차별의 원칙, 아동 이익 최우선의 원칙, 아동의 생존 보호 발달의 원칙, 아동 의사 존중 원칙입니다. 유엔 아동권리협약의 핵심 내용은 제2 조항을 보면 한 번에 이해할 수 있어요. 첫 번째 기본 원칙인 '비차별의 원칙'의 핵심을 정리해 둔 부분입니다.

CONVENTION ON THE RIGHTS OF THE CHILD

All children have all these rights, no matter who they are, where they live, what language they speak, what their religion is, what they think, what they look like, if they are a boy or girl, if they have a disability, if they are rich or poor, and no matter who their parents or families are or what their parents or families believe or do. No child should be treated unfairly for any reason.

아동권리협약
제2조: 모든 어린이는 이 권리를 지닌다. 그들이 누구든, 어디에 살든, 어떤 언어를 사용하든, 그들의 종교가 무엇이든, 그들이 무슨 생각을 하든, 그들이 어떻게 생겼든, 남자이든 여자이든, 장애가 있든 없든, 부자이든 가난하든, 그들의 부모나 가족이 누구이든, 그들의 부모나 가족이 무엇을 믿고 무엇을 하든 상관없이 동등한 권리를 누릴 수 있어야 한다. 어린이는 어떠한 이유로도 부당하게 대우받아선 안 된다.

어린이들이 그 어떤 이유로든 차별당해선 안 된다는 내용을 매우 구체적으로 제시하고 있죠.

"unfairly"

여러분, fair play라는 말 자주 쓰시죠? 보통 운동 경기를 할 때, '공평하게, 정정당당하게 하자'는 의미로 쓰실 텐데요. fair는 '공평한, 공정한, 타당한'이라는 뜻입니다. 그래서 unfair 하면 그 반대로 '부당한, 불공평한'이라는 의미가 되죠. 유엔 아동권리협약 제2조에 이런 문장이 있습니다. "No child should be treated unfairly for any reason." (그 어떤 어린이도, 어떤 이유로도 unfairly 부당하게 대우받아선 안 된다.)

이 세상 모든 어린이는 차별 없이 존중받아야 하고, 동등한 권리를 누리며 살아야 합니다.

제7 조항의 내용도 살펴보겠습니다.

CONVENTION ON THE RIGHTS OF THE CHILD

Children must be registered when they are born and given a name which is officially recognized by the government. Children must have a nationality (belong to a country). Whenever possible, children should know their parents and be looked after by them.

CONVENTION ON THE RIGHTS OF THE CHILD

Children must be registered when they are born and given a name which is officially recognized by the government. Children must have a nationality (belong to a country). Whenever possible, children should know their parents and be looked after by them.

어린이는 태어나면 공식적으로 등록되어야 하며, 정부로부터 승인받은 이름을 가져야 한다. 또한, 국적을 가질 권리가 있으며, 언제든 가능할 때 그들의 부모가 누구인지 알고 부모로부터 양육 받을 권리를 지닌다.

아이들이 태어나면 반드시 출생신고를 해야 하고 국적과 이름을 가져야 한다는 내용입니다. 하지만 현재, 전 세계 어린이들의 상황은 어떠한가요? 우크라이나 전쟁 때문에 난민이 된 아이들에게는 출생신고를 하고 국적을 갖는 기본 권리조차 보장되기 힘든 상황입니다. 또한 아프가니스탄의 여자아이들은 남성의 허락 없이는 집 밖에서 자신의 이름을 말할 수조차 없죠. 이렇게 아동의 기본권이 무참히 침해당하고 있는 것이 우리가 살아가고 있는 이 사회의 쓸쓸한 현실입니다.

"Empowered Women Empower Women."

뉴질랜드의 최연소 총리였던 저신다 아던이 지난 1월, 사임을 발표했습니다. 그녀는 사임 이유에 대해 "정치인도 인간이다. 더 이상 총리 직무를 제대로 해낼 여력이 없다."라고 말했는데요. 그러면서 아이의 생일 케이크를 완벽하게 만드는 게 얼마나 힘든지를 언급하며 재치 있게 워킹맘으로서의 고충을 털어놓기도 했고, 미뤘던 결혼식을 하고 가정에 충실하겠다는 의지를 밝혔습니다. 그녀는 2020년 코로나19 사태가 터졌을 때, 과감한 정책으로 두 달 만에 종식에 가까운 상황을 이끌었고, 덕분에 뉴질랜드는 '코로나 청정국'이라는 별명을 얻었습니다. 2019년, 무슬림을 상대로 한 총기 테러가 일어났을 때 히잡을 쓰고 유족을 만나 공감의 정치인이라 평가받기도 했고, '저신다 마니아' 현상까지 낳으며 젊은이들과 여성, 진보 진영의 지지를 받던 정치인이었죠. 물론 강경한 이민정책이나 코로나 대처에 따른 경제적 손실은 논란을 일으키기도 했습니다. 하지만 아던에게는 정치적인 행보보다는 여성 정치인이라는 사실에 대한 평가가 늘 그녀를 따라다녔습니다. 임기 내내 여성 혐오의 대상이 되기도 했죠. 그녀가 임기 중 출산을 했다는 외신 기사를 읽다가 "트랜스젠더인 줄 알았는데, 출산한 거 보니 여자가 맞았네."라는 댓글을 보고 충격을 받았던 기억이 납니다. 그녀가 사임을 발표했을 때도, "박수칠 때 떠나는 모습을 보여준 좋은 예"라는 반응과 함께, "한 나라의 총리가 고작 애를 키우기 위해 사임한다니, 말이 되냐."라는 반응도 적지 않았습니다. 심지어 BBC에서는 "과연 여성이 모든 것을 다 가질 수 있을까?"라는 제목의 기사를 게재하기도 했죠. 몇 시간 후 제목을 수정하긴 했지만, 이 사회가 저신다 아던에 대해 '어떠한 업적을 이루고 어떠한 실수를 저지른 정치인가'보다는 '여성 정치인'이라는 점에 더 집중한다는 것을 확인할 수 있는 사례였습니다. 국제 뉴스를 보다 보면, 이렇게 씁쓸해질 때가 참 많습니다. 특히, 그 무엇보다 우선적으로 존중해야 하는 인권 문제, 그중에서도 여성 인권 침해 문제가 얼마나 심각한지 깨닫게 됩니다. 이 책에서도 다뤘던 이란의 마흐사 아미니 사망 사건, 아프가니스탄 여성들의 대학 교육을 금지한 탈레반의 횡포, 미국의 낙태권 폐지로 인한 사회 혼란 이슈만 봐도 우리가 왜 이 문제에 관심을 가져야 하는지 알 수 있습니다.

누군가 제게 "당신은 페미니스트입니까?"라고 물으면 저는

"네."라고 답할 것입니다. 하지만, "그럼, 남성을 혐오합니까?"라고 물으면 "절대 아닙니다."라고 자신 있게 답할 것입니다. 덧붙여, 대한민국 사회에서 잘못 해석된 페미니즘, 페미니스트의 철학과는 매우 다르다고 강조하고 싶습니다. 남녀 사이의 성 갈등을 조장하고, 피해 의식을 기반으로 해서 비뚤어진 모양으로 발전된 우리 사회의 페미니즘은 사회 갈등의 요소가 되어버린 지 오래니까요. 저는 좀 더 큰 범위에서 여성의 인권을 바라보자고 제안하고 싶습니다. 페미니즘은 역사적으로 사회에서 차별 대우를 받는 소수의 인권 향상을 위해 대두된 학문입니다. 소수를 대표하는 사람들이 이 사회의 절반을 차지하는 여성이기 때문에 여성 인권 운동으로 발전해왔고, 모든 사람은 동등한 가치를 지닌다는 진리를 바탕으로 20세기 초, 여성의 참정권을 인정받는 결과를 이뤄냈습니다. 다시 말해, 이 사회에서 여성과 남성이 동등한 권리를 누리고 성별에 따른 차별 대우를 당해선 안 된다는 사상이지, 데이트 비용을 누가 내야 하고, 속옷을 입거나 벗는 것으로 권리를 누리냐 마냐가 결정되고, 여성도 군대에 가야 한다고 주장해야 양성평등주의자로 인정받는 그런 문제가 아닙니다. 또한, 여성의 인권이 향상된다고 해서 남성의 인권이 추락하는 것도 결코 아닙니다. 인권은 universal rights 즉, 전 세계 모든 사람에게 통용되어야 하는 보편적인 권리입니다. 누구나 존중받아야 할 보편적인 권리를 누리지 못하는 여성들이 현재 전 세계적으로 너무나도 많기에, 그들의 인권 향상에 힘을 써야 하는 것이죠. 인간의 기본 인권을 논하는데 남녀를 가를 이유는 없습니다.

"Empowered Women Empower Women." 저는 이 꿈을 이루

기 위해 주 3회 방송을 하고, 연 150회 국제회의를 진행하고, 거의 매일 글을 씁니다. 영향력을 지닌 오피니언 리더가 되어 인간의 기본권을 박탈당한 여성들이 그들의 권리를 실현할 수 있게 돕고 싶기 때문입니다. 아프가니스탄에서 자신의 이름을 공문서에 쓸 수 없는 여성들, 이란에서 히잡을 제대로 쓰지 않았다는 이유로 도덕 경찰에게 구금돼 죽음까지 맞이하는 여성들, 탄자니아에서 식수를 찾아 우물로 걸어가다가 성폭행당하는 여성들, 수단에서 출산하기 위해 목숨을 걸고 4km를 걸어서 산부인과에 가야 하는 여성들의 권리 말이죠.

Women for Women이라는 단체를 통해 아프가니스탄 여동생을 후원하고 있습니다. 그녀의 이름은 아리파. 2년 전 일어난 "Where is my name?" (제 이름은 어디에 있나요?) 운동을 통해 비로소 공식적인 이름을 갖게 됐죠. 지난해 11월, 제 후원을 통해 첫 학기 대학 교육을 받은 아리파에게 편지가 왔습니다. 그 편지에는 이렇게 쓰여있었어요. "Arifa has been understanding her value as a women." (아리파는 여성으로서 그녀의 가치에 대해 이해하게 되었다.) 이 편지를 읽고 눈물이 왈칵 났습니다. 교육을 제대로 받으면 여러 가지 인권 침해로부터 자신을 보호할 기회가 생긴다는 믿음으로 시작한 후원인데, 그 믿음이 조금씩 현실이 되고 있다는 안도감 때문이었을 겁니다. 저는 아리파처럼, 세계 곳곳의 여성들이 자신의 가치를 깨닫게 되는 날을 꿈꾸며 제 자리에서 최선을 다하려 합니다. 더 나아가, 저신다 아던 뉴질랜드 전 총리가 '워킹맘이었던 여성 총리'이기 이전에 '히잡을 쓰고 이슬람 유족을 위로했던 공감의 정치인'으로, 가브리엘 샤넬이 '사교계에서 인기가 많던 미인'이기 이전에 '여성에게 최초로 자유로운 움직임을 선사한 블랙 미니 원피스를 만든 디자이너'로 인정받는 날을 꿈꾸며, 언론인으로서 최선을 다해 국제 사회의 인권 문제를 고발하고 새로운 의제를 제시하려 합니다.

19살 때, 미국에서 9.11테러가 발생했고 영어 공부를 하기 위해 봤던 CNN 뉴스가 제 인생을 바꿨습니다. 국민이 위기에 처했을 때 믿고 볼 수 있는 뉴스를 진행하는 앵커가 되겠다는 목표를 그날 세웠으니까요. '믿고 보는 뉴스'는 도대체 뭘까 참 오래 고민했는데, 존경하는 언론인 선배이자 저의 베스트 프렌드였던 아빠가 책을 한 권 추천해주셨습니다. 그 책에는 이런 내용이 담겨 있었어요. "기차의 앞칸엔 공직자들이, 뒤에는 국민이 타고 있다. 언론은 그 밖에서 기차가 철도를 벗어나진 않는지, 운전석에서 공직자들이 운전대를 바른 방향으로 움직이는지, 혹시 사고의 가능성은 없는지, 승객들은 안전한지 관찰한다. 문제가 있으면 세상에 알리고 (의제 설정 기능), 운전석에 문제가 있으면 비판하되, 절대로 운전대를 직접 잡아선 안 된다. (언론의 권력 남용 주의) 특히, 한쪽으로 치우치지 말고 균형을 유지해야 한다."

저는 아나운서로 경제 활동을 시작한 25살 때부터 지금까지, 이 문구를 마음에 품고 일하고 있습니다. 다행히 억지로 이렇게 해야겠다고 마음먹지 않아도, 역사를 공부하고 현재의 문제에 귀를 기울여보니 자연스럽게 이 문구에 동의하게 되었습니다. 냉전 시대도 아닌 2023년에 이데올로기에 집착하는 건 어리석은 일이라 생각하기도 하고, 대한민국의 근현대사를 들여다보니 절대 선도, 절대 악도 없다는 것을 깨달았기 때문입니다. 좌우로 나뇐 극단적인 프레임에서 벗어나, 사안 그 자체를 보고 원인을 찾아 해결책을 마련하는 것이 훨씬 효율적이라 생각합니다. 물론 사람이니 마음이 가는 쪽이 있고, 어느 쪽이 '더' 잘못했다고 느낄 때가 있죠. 하지만 적어도 누군가에게 영향을 끼칠 가능성이 있는 언론인이라면, 반드시 균형 잡힌 시각으로 뉴스를 전해야 한다고 생각합니다. 판단은 시청자가 하는 것이고, 언론이 시청자를 선동하는 순간 기차는 철도를 벗어나게 될 테니까요. 그리고 그로 인한 위험은 기차에 탄 승객, 국민이 감수해야 하니까요. 가끔 이 사회에선 필요 이상으로 균형을 잃고 분노의 목소리를 내야만 '정의롭다.'라고 포장되곤 합니다. 하지만, 어느 한쪽에 대한 지나친 사랑이나 증오를 키우기보다는 조금은 냉정한 시각으로 사안을 볼 수 있어야 하지 않을까요?

If you have knowledge, let others light their candles in it.

-Margaret Fuller

(당신에게 지식이 있다면, 그 안에서 다른 이들도 그들의 촛불을 밝히게 하라. -마가렛 풀러)

여러분이 촛불을 밝힐 수 있게 돕기 위해 이 책을 썼습니다. 일상이 바빠서, 혹은 영어로 된 기사를 읽는 것이 힘들어서 한국 통신사의 번역본으로만 국제 뉴스를 접했던 독자 여러분께 이 책이 소소하지만 의미 있는 도움이 되었으면 좋겠습니다. 이 책을 통해, 평소에 그냥 지나쳤던 국제 사회 문제에 대해 조금은 더 관심을 갖게 되시길 소망합니다. 그리고 그 문제를 해결하기 위한 목소리에 귀 기울여 주시길, 나아가 적극적인 목소리를 내어 주시길 부탁하고 싶습니다. 여러분의 촛불은 어두운 그 누군가의 삶을 충분히 밝혀줄 힘을 지니고 있으니까요. 읽어주서서 고맙습니다.

-박세정 올림-

Special thanks to

천국에서 이 책을 읽으면서 분명히 여기저기 만년필로 수정해주고 있을 '닮고 싶은 언론인' 아빠,

내가 어떠한 도전을 하든 무조건 응원을 넘어서 현실적인 힘까지 실어주는 '멋진 여성의 표본' 엄마,

"세정이 하고 싶은 거 다 해!"라는 말을 입에 달고 살면서 새벽에 방송하러 갈 때마다 일부러 알람 맞춰놓고 일어나 차와 간식을 챙겨주는 든든한 남편,

늘 변함없이 내 편이 되어주고 책의 삽화까지 그려준 첫째 언니, 전생에서는 내 엄마가 아니었을까 의심되는 고슴도치 내리사랑 둘째 언니,

부족한 나를 늘 멋진 친구라 여겨주는 산수국, 민희

마치 친정 오빠처럼 든든한 버팀목이 되어주는 조 삼촌과 캐나다 오빠들,

14살 때부터 내가 부르짖던 인권과 정의에 대한 서툰 외침을 늘 끄덕이며 응원해준 유리, 진수, 윤옥이.

그리고, 이 모든 것을 허락해 주신 하나님께 고마움을 전합니다.

참고 문헌

1. 뉴스

ABC NEWS
2022. 10. 16.

Aljazeera
2022. 6. 29., 2022. 8. 11., 2022. 9. 22., 2022. 10. 3., 2022. 10. 4.

AP
2022. 6. 29., 2022. 9. 22.

BBC
2020. 7. 24., 2022. 8. 29., 2022. 9. 25., 2022. 10. 8., 2022. 12. 20., 2022. 12. 26.

CBS news
1973. 1. 22., 2022. 6. 24., 2022. 6. 27.

CNBC
2022. 6. 11., 2022. 7. 5., 2022. 7. 18., 2022. 9. 14., 2022. 12. 7.

CNN
2022. 6. 16., 2022. 6. 25., 2022. 6. 29., 2022. 8. 2., 2022. 8. 3., 2022. 8. 28., 2022. 10. 17., 2022. 12. 13., 2022. 12. 26.

DW
2022. 12. 4.

Financial Times
2022. 8. 22.

First Post
2022. 11. 20.

Forbes
2022. 12. 25.

France 24
2022. 9. 7.

NBC News
2022. 8. 14.

News18
2022. 11. 02.

New York Daily News
2013. 6. 16.

Politico
2002. 10. 4., 2022. 11 29.

Reuters
2022. 6. 15., 2022. 6. 22., 2022. 6. 27., 2022. 7. 19., 2022. 9. 7., 2022. 9. 24.,
2022. 9. 28., 2022. 10. 5.

South China Morning Post
2022. 5. 30.

The Guardian
2022. 7. 26., 2022. 8. 9., 2022. 8. 14., 2022. 9. 26., 2022. 10. 2.

The New York Times
2022. 6. 15., 2022. 6. 20., 2022. 8. 1., 2022. 9. 26., 2022. 10. 4., 2022. 10. 17.

The Wall Street Journal
2021. 9. 27., 2022. 6. 15., 2022. 6. 25., 2022. 9. 5., 2022. 12. 4., 2022. 12. 7.

The Washington Post
2022. 6. 27., 2022. 7. 4., 2022. 8. 14., 2022. 10. 9., 2022. 10. 19.

TIME
2018. 12. 12., 2022. 12. 7.

UN news
2022. 9. 22., 2022. 10. 19., 2022. 11. 7., 2022. 12. 21., 2023. 1. 17.

[기사 출처]

1. 국제기구, 과연 제 역할을 잘하고 있을까?

- *New UN General Assembly President highlights 'solidarity, sustainability and science',* (2022, September 13), United Nations
- *At UN General Assembly, leaders condemn Russia's war in Ukraine,* (2022, September 22), Aljazeera
- *Biden: Russia 'shamelessly violated' UN Charter in Ukraine,* (2022, September 22), AP News
- *Finland and Sweden Push for NATO Membership,* (2022, June 20), The New York Times
- *NATO formally invites Finland and Sweden to join alliance,* (2022, June 29), The New York Times
- *NATO chief: Alliance faces biggest challenge since WW II,* (2022, June 29), AP News
- *NATO declares China a security challenge for the first time,* (2022, June 29), Aljazeera
- *Finland and Sweden move a step closer to NATO membership with accession sign-off,* (2022, July 5), CNBC
- *The world will face 'a severe food crisis and famine,' Zelenskyy says,* (2022, June 11), CNBC
- *Russia may cut off gas completely, Europe must act now,* (2022, June 22), Reuters
- *Putin says to stop supplying energy if Western price caps imposed,* (2022, September 7), Reuters
- *China's Xi Fails to Endorse Putin Over Ukraine in Call With Russian Leader,* (2022, June 15), The Wall Street Journal

- *Kremlin says Putin, Xi agreed to boost ties in energy,* (2022, June 15), Reuters
- *Russia turns focus toward Donetsk after fall of Lysychansk,* (2022, July 4), The Washington Post
- *What happens if Ukraine's Zaporizhzhia nuclear plant explodes?,* (2022, August 11), Aljazeera
- *Russia rules out peace deal to end Ukraine war,* (2022, August 11), Financial Times
- *Putin's Increasingly Arbitrary Draft,* (2022, September 26), The New York Times
- *After Russian retreat, Putin formally annexes 15% of Ukraine,* (2022, October 5), Reuters
- *Crimea bridge partly reopens after huge explosion –Russia,* (2022, October 8), BBC
- *Analysis: Putin is likely to take Derch bridge blast as a personal affront and respond viciously,* (2022, October 9), CNN

2. 그래서 중국이 문제야

- *EU laments UN human rights chief's limited access on visit to China –Russia,* (2022, May 30), South China Morning Post
- *EXCLUSIVE China seeks to stop UN rights chief from releasing Xinjiang report –document,* (2022, July 19), Reuters
- *Pelosi expected to visit Taiwan, Taiwanese and US officials say,* (2022, August 2), CNN
- *U.S. Warns China Not to Turn Pelosi's Expected Trip to Taiwan Into a 'Crisis',* (2022, August 1), The New York Times
- *Pelosi says US will 'not abandon' Taiwan as China plans military drills,* (2022, August 3), CNN
- *'This is about striking fear': China's Taiwan drills the new normal, analysts say,* (2022, August 9), The Guardian
- *US lawmakers to meet Taiwan president as China tensions simmer,* (2022, August 14), The Guardian
- *Une délégation de parlementaires français reçue à Taïwan,* (2022, September 7), France 24
- *'Moving Backward': In Xi's China, Some See an Era of Total Control,* (2022, October 17), The New York Times
- *How Xi has changed China,* (2022, October 17), CNN
- *Are China's lockdown protests the beginning of the end for Xi Jinping?,* (2022, October 17), Politico

- *China eases Covid restrictions on travel and production,* (2022, December 7), CNBC
- *Obama and Xi Jinping pictures censored by Chinese authorities,* (2013, June 16), New York Daily News
- *'I Am a Tariff Man',* (2022, December 4), The Wall Street Journal

3. 기본권을 박탈당한 그녀들

- *Death toll grows in Iran as Mahsa Amini protests continue for 10th night,* (2022, September 26), The Guardian
- *Death of 16-year-old protester adds new fuel to Iran uprising,* (2022, October 9), The Washington Post
- *Iran's Brave Women Deserve the World's Support,* (2022, October 9), The Washington Post
- *Iran Disbands Morality Police, Considers Changing Hijab Laws, Official Says,* (2022, December 7), The Wall Street Journal
- *HEROES OF THE YEAR –The Women of Iran,* (2022, December 7), TIME
- *Second Known protest-related execution carried out in Iran,* (2022, December 13), CNN
- *Who are Iran's 'morality police?',* (2022, December 4), DW
- *Afghanistan: Taliban ban women from universities amid condemnation,* (2022, December 20), BBC
- *They have destroyed the only bridge that could connect me with my future–Kabul University female student,* (2022, December 26), BBC
- *Three foreign aid groups suspend work in Afghanistan after Taliban bars female employees,* (2022, December 26), CNN
- *Daily Press Briefing by the Office of the Spokesperson for the Secretary-General,* (2022, December 21), United Nations
- *Without Women, Afghanistan Has No Future,* (2022, December 25), Forbes
- *Who Are the Taliban and What's Next for Afghanistan?,* (2022, September 27), The Wall Street Journal
- *Supreme Court overturns Roe v. Wade,* (2022, June 25), CNN
- *What Does Overturning Roe v. Wade Mean? What to Know About the Supreme Court Aborting Ruling,* (2022, June 25), The Wall Street Journal
- *Biden says 'cruel' Roe v. Wade decision dangerous to women,* (2022, June 27), Reuters
- *World leaders react to the U.S. Supreme Court's decision to overturn Roe v. Wade,* (2022, June 27), CBS news

- *Opinion/ The Supreme Court's radical abortion ruling begins a dangerous new era,* (2022, June 27), The Washington Post

4. 우린 기후 변화의 지옥행 고속도로를 탔다

- *Melting glacier in Alps shifts border between Switzerland and Italy,* (2022, July 27), The Guardian
- *More dangerous heat waves are on the way,* (2022, August 14), The Washington Post
- *The U.S. could see a new 'extreme heat belt' by 2053,* (2022, August 14), NBC News
- *Hundreds of children among 1,000 people killed by Pakistan monsoon rains and floods,* (2022, August 28), CNN
- *Pakistan floods: One third of country is under water -minister,* (2022, August 29), BBC
- *Pakistan still an 'ongoing nightmare' for millions of children, following major flooding,* (2022, January 17), UN news
- *UN leader warns against climate 'collective suicide' as heat wave grips Europe,* (2022, July 18), CNBC
- *Secretary-General's remarks to High-Level opening of COP27,* (2022, November 7), UN news

5. 그녀는 포위됐다

- *Who Is Liz Truss, the Next U.K. Prime Minister?,* (2022, September 5), The Wall Street Journal
- *UK government makes tax cut U-turn after market turmoil,* (2022, October 3), Aljazeera
- *Britain's Economic Experiment Stumbles at the Start,* (2022, October 4), The New York Times
- *Liz Truss' reputation may never recover,* (2022, October 4), Politico
- *A besieged Liz Truss faces Parliament as U.K. inflation passes 10%,* (2022, October 19), The Washington Post

6. 유럽 우파와 남미 좌파

- *Giorgia Meloni: Italy's far-right wins election and vows to govern for all,* (2022,

September 25), BBC
- *Analysis: A Meloni election win could shift Europe's balance of power,* (2022, September 24), Reuters
- *Italy's Meloni tells Ukraine it can count on her,* (2022, September 28), Reuters
- *With far-right leaders, Italy remembers WWⅡ roundup of Jews,* (2022, October 16), ABC NEWS
- *Brazil election: ex-president Lula to face Bolsonaro in runoff,* (2022, October 2), The Guardian
- *Brazil's polarized election campaign sees ex-leader Lula on the cups of a remarkable comeback,* (2022, September 14), CNBC

7. 28년 만에 나타난 거인

- *Fed unveils biggest rate hike since 1994, flags slowing economy,* (2022, June 15), Reuters
- *Fed Takes Aggressive Action in Inflation Fight,* (2022, June 15), The New York Times
- *Fed hikes interest rates by three-quarters of a percentage point in boldest move since 1994,* (2022, June 16), CNN

8. 기억해야 할 그날

- *Ex-German leader Angela Merkel wins UN refugee prize,* (2022, October 4), Aljazeera
- *Secretary-General António Guterres message on United Nations day, 24 October 2022,* (2022, October 19), UN news
- *International Day to End Impunity for Crimes Against Journalists 2022: Theme, History and Significance,* (2022. November 2), News18
- *World Children's Day 2022: History, significance and wishes,* (2022, November 20), First Post

2. 미디어

- TED-Ed, <What are the universal human rights?>,YouTube, 2015.10.16, https://www.youtube.com/watch?v=nDgIVseTkuE
- Amnesty International Australia, <What are Human Rights?>, YouTube,

2022.1.10, https://www.youtube.com/watch?v=6e8m8L9BFa4

- Let the Quran Speak, <New Series: The Evolution of Hijab> YouTube, 2022.10.31, https://www.youtube.com/watch?v=Cgpkwjz4y8Q
- UNHCR, <Refugee Rights>, YouTube, 2017. 10. 23, https://www.youtube.com/watch?v=qpOEaBwFuj0
- WSJ, <Highlights From the Iron Lady's Speeches>, YouTube, 2013.4.9, https://www.youtube.com/watch?v=mwzCvuj8XXA
- TED, <The fundamental right to seek asylum>, YouTube, 2019.8.29., https://www.youtube.com/watch?v=hU-aTB-heU0

3. 논문, 웹페이지 등

- Detrick, A. F.(2017), *Virtue and Vice: Morality Police and Social Control in Islamic Regimes*
- Giraudon, V.(2017), *The 2015 Refugee Crisis Was Not a Turning Point: Explaining Policy Inertia in EU Border Control, European Political Science*
- Giraudon, V.(2017), *The 2015 Refugee Crisis Was Not a Turning Point: Explaining Policy Inertia in EU Border Control, European Political Science*
- Barnes, G. P.(2011), *The International Criminal Court's Ineffective Enforcement Mechanisms, Fordham International Law Journal*
- Rhona, K.M.(2014), *Textbook on International Human Rights, Smith*
- *The Charter of the United Nations,* (n.d.), United Nations, https://www.un.org/en/about-us/un-charter/full-text
- *Collective defence and Article 5,* (2022. Sep 20), NATO, https://www.nato.int/cps/en/natohq/topics_110496.htm
- *The Universal Declarations of Human Rights,* (n.d.), United Nations, *https://www.un.org/en/about-us/universal-declaration-of-human-rights*
- *Gender, Climate and Security* (2020), UN Women, https://www.unwomen.org/en/digital-library/publications/2020/06/gender-climate-and-security
- 유엔 난센난민상 (2022. Oct. 5), 유엔난민기구, https://www.unhcr.or.kr/unhcr/html/001/001005007001.html
- *UN Convention on the Rights of the Child,* (n.d.), unicef, https://www.unicef.org/child-rights-convention